高职院校会计教学改革
创新与人才培养研究

丁小红 著

东北林业大学出版社
Northeast Forestry University Press

·哈尔滨·

版权专有　侵权必究

举报电话：0451－82113295

图书在版编目(CIP)数据

高职院校会计教学改革创新与人才培养研究 / 丁小
红著. --哈尔滨 ：东北林业大学出版社，2025.4.

ISBN 978-7-5674-3827-9

Ⅰ.F230

中国国家版本馆 CIP 数据核字第 2025WB9742 号

责任编辑：李嘉欣

封面设计：豫燕川

出版发行：东北林业大学出版社

　　　　（哈尔滨市香坊区哈平六道街 6 号　邮编：150040）

印　　装：唐山才智印刷有限公司

开　　本：787 mm×1092 mm　1/16

印　　张：11.25

字　　数：157 千字

版　　次：2025 年 4 月第 1 版

印　　次：2025 年 4 月第 1 次印刷

书　　号：ISBN 978-7-5674-3827-9

定　　价：41.00 元

如发现印装质量问题,请与出版社联系调换。(电话:0451－82113296　82191620)

前　　言

在经济全球化浪潮汹涌澎湃、国内经济转型升级步伐不断加快的当今时代，会计行业宛如一艘在变革之海中破浪前行的巨轮，经历着前所未有的深刻蜕变。高职院校作为向社会输送大量应用型会计人才的关键阵地，肩负着顺应行业巨变、革新教学模式、精准培育契合市场需求人才的重大使命。过往那种重理论轻实践、聚焦核算技能而忽视综合素养与创新能力的教学方式，已难以契合现代会计职场的严苛要求。企业如今渴求的是既能熟练驾驭财务软件高效处理账务，又能深度解读财务数据、精准洞察企业经营症结，还具备良好沟通协作能力、职业道德操守以及应变创新思维的复合型会计专业人才。

本书在阐述会计教学改革现实状况的基础上，从教学模式、教学资源、实施策略等多个方面探究会计教学的改革创新路径，并从会计人才的培养模式入手，提出会计专业人才培养的优化措施，以更好地完成会计人才培养工作。本书对会计教学的改革和创新以及在人才培养上紧跟时代发展，对会计教育人员、会计从业人员有学习和参考的价值。

笔者在撰写的过程中，得到了许多专家、学者的帮助和指导，在此表示诚挚的谢意！书中涉及的内容难免有疏漏之处，希望各位读者多提宝贵意见，以便笔者进一步修改，使之更加完善。

丁小红

2025 年 1 月

目　　录

第一章　新时代会计教学改革的现实基础

第一节　会计教学改革的机遇

一、互联网时代高等教育发展的机遇

(一)搭建优质教学平台,催生海量教学资源

网络平台的开放性使得只要接入互联网,海量的优质教学资源、国内外名校的公开课程或各地专家的研究成果,都以开放的形式向广大受教育者敞开。他们不再依赖固定的教学方式,不再局限于课堂资源,可以充分利用互联网平台,根据个人兴趣选择学习内容,分享学习经验,促进相互之间更好地学习。

在互联网模式下,学生不仅可以学习到国内各大高校的名师课程,还能学到国外许多著名大学的课程。例如,慕课平台 Coursera 和 edX,Coursera 是由美国斯坦福大学创办的,同世界顶尖大学合作,在线提供免费的网络公开课程;edX 是由哈佛大学和麻省理工学院联合创建的免费在线课程项目,由世界顶尖高校联合,共享教育平台,分享教育资源。这些网络平台使学习者可以足不出户,自由安排时间学习国内外优质课程,享受海量在线资源。

(二)降低教学资源的生产与使用成本

一方面,生产成本降低。制作课程时获取素材更加低兼、便捷,在线

课程开发制作后,可重复利用,其使用、传播的边际成本将无限降低,并且随着课程参与人数的增加,长期平均成本将随着选课人数的增多而降低。另一方面,使用成本降低。学习者根据自己的实际情况,选择适合的免费课程和付费课程,这些课程可供学习者不限时地学习,降低了学习者的使用成本。

(三)拓展新型学习模式,提高学习效能

学习者在分享资料和学习知识时展现出更高的速度。在这个被称为"互联网＋"的时代,他们有机会与他人共同探索和思考,或者向在线的专家和教授请教,以解决他们在学习过程中遇到的问题。在传统的学习方法中,学习者往往需要投入大量的时间和精力去浏览各种书籍和资料,以解决他们的学习问题,这既耗时又耗力。

在传统的教学方法中,尽管教师在同一时间和地点向学生传授相同的知识,但每个学生的掌握能力和学习成果都存在差异。在这种特定的学习环境中,学生很难与教师的节奏保持同步,从而导致他们的思维范围难以拓展。在"互联网＋"的教学模式下,学生能够自主地掌握学习的时间和内容。课堂内容可以被划分为多个不同的知识点,让学生在零碎的时间里自由地掌握时间和学习自己的知识。同时,学生也可以在不理解问题的情况下暂停下载并思考,将学习变成一种活动,让每个人都能随时随地地学习,极大地激发了学生的学习兴趣。

学习者们纷纷运用各种创新的学习方法,如将自觉性学习和互动式学习与"互联网＋"模式相结合。学习者不仅可以充分利用网络技术和多媒体技术,主动进行双向互动学习,还可以自行了解学习进度,选择适当的练习方法,并确定自己的学习目标。在"互联网＋"的时代背景下,新的学习方法得到了扩展,这也为学生提供了丰富的学习资源和展示平台。

二、互联网时代会计行业的机遇

(一)一般性会计工作与时俱进

作为会计管理基础组成部分的会计工作,在互联网时代更应充分发

挥在处理信息、核算数据、评价管理等方面的优势,利用好丰富的互联网资源,借助"大数据""云平台"等网络资源的力量,实现会计部门的政务公开、电子政务、网上交流等,促进会计工作的与时俱进,更好地服务于经济社会的发展。

(二)推动会计服务模式升级

在互联网时代,分工的社会化和新型会计服务体系的建立都得到了推动。这也催生了会计服务模式的创新,打破了地域和地区的界线,逐步将传统的线下业务转型为线上业务,从而实现实时记账和财务咨询的功能,为客户提供了更加丰富、高效和便捷的会计服务体验。这种方法不仅可以为传统企业所有者提供财务信息,还可以利用新兴的网络技术,使会计信息处理变得更加全面、及时、动态,从而使会计核算更加规范、高效、集中,为管理层的决策提供更大的支持。与此同时,互联网的快速发展为会计管理部门在政务透明度、电子政务和在线交流等方面提供了一个高效的平台,进一步推动了会计管理部门在管理服务模式上的转型。

(三)促进会计管理职能的转变

监察、计算和测量是传统会计工作的基础机能,而会计工作在"互联网+"时代,其依赖"大数据""云平台"等信息科技不仅要包含基础机能,还要在治理决断、成效治理、预料解析等方面起作用,从而使会计工作由普遍的财务会计的静态模型变换为新颖的治理会计的动态模型,推动会计技能的变革与工作的提升,更充分地把会计的谋划、预料、决断、解析、掌控、监察等作用凸显出来。

(四)催生会计领域的新发展

会计行业在互联网时期接连被成长交融时,也带动了会计相关范畴的繁荣。不断产生的网络会计师工作室、互联网记账企业等经营产业,和客户在第三方 B2B 平台实行线上线下沟通,在教育方面受到了很多客户的喜欢,出现了大量网络会计培养学校,人们可以通过网上学习取得学历。

三、互联网时代会计教学的机遇

(一)互联网时代会计教学形式的改革

在传统的会计教育中,教师主要在课堂上授课,学生则通过书籍和讲解被动地获取知识,而教师的指导则是这三种方式的核心。随着信息技术的广泛应用,教师被要求采用多种策略来整合和优化课堂内容,从而创造一个互动的课堂环境,其中包含了各种相互交流的信息,这需要充分展现学生的主动性和热情。在会计教育中,强调会计知识的教授和会计思维的重要性是同等的。我们应该在教育过程中展现学生的独立思考能力。简而言之,互联网时代会计教育的主导方式是"以学生为中心"的教育模式,而不是传统的"以教师为核心"的教育方式。在这个时代,教育机构需要充分挖掘学生的学习积极性,使他们不仅"掌握知识",更要"学会如何学习",这也意味着教育模式得到了改革。例如,在会计基础这门关于账单票据操作的课程中,在信息化教育的背景下,教师可以通过多媒体播放视频的方式来完成这一教学任务,这不仅能激发学生的学习积极性,增加他们的学习兴趣,还能使课堂教学内容更加丰富和多样。在传统的教学模式中,教师仅能在课堂上授课,而实际操作则只能在实际训练阶段进行展示。

(二)互联网时代会计课堂教学媒介改革

众多的媒体工具,如 QQ 工具、微信平台、网络平台、微课和多媒体会计教学系统平台等,都是由快速发展的信息科技所催生并参与到教育行业中的。在很短的时间里,这些多样化和复杂的媒体,以及依赖于计算机网络技术和视听技术的多媒体智能教育体系,已经成为教育发展的主流方向,而不仅仅是简单直观的 PPT 和传统的直接性教育媒体。随着教育逐渐走向网络化、数字化和智能化,课堂的功能和作用也在持续地增强和拓展。这些新兴的传播工具不只是为人们提供学习和认知的工具,它们还成为会计教育信息的传递工具和辅助方式,持续地改变了教育环境的各种构成要素。例如,在会计教育课程中,教师的点名环节选择了微信课堂点名的方法,这大大缩短了点名所需的时间,从而提高了授课的效果。尽管在课堂上采用了各种信息化手段,但教师面临的核心问题和研究领域是如何利用现代教育技术和多媒体教学资源的优势来进一步优化教学过程。

(三)信息化会计教学资源改革

会计专业要求具备极强的实践性,不但需要学生掌握牢固的理论根基,还要掌握会计基础技巧,学习实践技巧。信息时期科技助力课堂教育,为教育供应信息化教学氛围和支撑,运用多元化教育资料实施实际教育。实行教育的前提是会计的教学资料,运用当代资料的优点及教师间的配合,在古板的会计教材体制上建设开通性教育资料以及信息化教育资料体制,依托于课程知识构造建设多元化聚集教学资料。例如,在会计基础课程中,教师能够使用信息化网络采集实践技巧教育资源,凭借组合课程与信息科技在渐渐创建精品课程的过程中使课堂理念夏加丰盛,着重使用与探索信息化练习器械,创造条件支撑数据化学习和情境化教育氛围,并共享依托于微信公众平台上的课程学习成果。

第二节 会计教学改革的挑战

一、"互联网+"时代对传统会计行业的挑战

会计的本质与涵养在互联网的影响下均发生了很大的改变,也让其形成了一定的延展,但同期也出现了一部分前所未有的问题和新的挑战。

(一)老旧会计思维对会计从业者的挑战

在互联网时代没有来临之前,长久圈于惯性思想中的会计就业者即使对变化的数字非常敏感,但仍旧缺乏逻辑思想。互联网时期,会计信息的传递实现都是凭借互联网,自动化的会计信息传递的实现不仅提升了会计工作的功效,还减轻了会计就业者的工作重担。相对会计就业者思想方法顽固,很难被改变,而互联网时代恰恰是改变思想方法,对会计就

业者形成了挑战。会计信息化的快速发展得益于日趋完善与连续发展的网络科技,如果会计从业者不想被行业舍弃,那就需要改变自己的守旧会计思想。

(二)会计从业者人才方面的挑战

在工业互联网时代到来之前,会计从业者主要负责账务的入账、计算和查询等工作,与其他业务的联系相对较少,因此他们的工作范围相对有限,并不需要具备较高的专业能力。随着互联网的快速发展,会计工作的状况也发生了显著变化,不再仅仅局限于简单的账务管理,工作模式和项目也都经历了变革。如今,大量的需求已经在网络环境中得到满足,与互联网的互动也变得越来越紧密。这意味着会计从业者需要不断地学习与网络和会计相关的专业知识,面对会计技能的挑战,加强相关的管理能力,只有这样,企业的运营效率才能得到保障。与此同时,在互联网时代,订单式经济得到了迅速的发展,导致了一系列的无库存企业的形成。与过去相比,从事会计工作的人员在学习会计知识上发生了变化,他们不仅需要深入了解和掌握会计的专业知识,还需要对与企业有关的知识有所了解。现阶段,会计从业者仍需面对与法律相关的知识和创新能力的挑战,这是因为与商业荣誉和知识产权相关的无形资产问题较为复杂。

(三)会计信息资料安全性受到挑战

在互联网时代,大部分的会计信息数据都以电子符号的形式存储在互联网上,这与过去的纸质记录方式有所不同,现在更多的是存储在硬盘上。然而,由于互联网具有数据共享的特性,并且具有无限的扩展性,与过去的会计资料相比,其安全性较低,这极有可能对企业会计信息资源的安全构成威胁。首先,网络上的信息是可以共享的,但在传输和保存会计信息时,存在被故意修改、窃取信息或遭受非法攻击的风险,这可能导致企业承受巨大的经济损失。当竞争者获取并了解会计信息,或者原有的会计信息被损坏时,其功能就会失效。其次,在互联网时代,古老的证据信息可能会被模仿。在处理会计事务时,信息的来源主要依赖于最初的票据,这对后续的会计信息十分重要。但是,随着网络时代的到来,当会计人员开始执行记账任务时,他们可能会对原始的票据进行修改,而这些修改的痕迹可能无法追踪。这种模仿的会计票据失去了其原有的价值,可能导致整个会计流程的失效。

(四)相关的会计法规滞后带来的挑战

之所以不容易监察会计系统,是因为会计的工作模式在互联网时代表现多样化,但与之相关的法律法规却非常落后。第一,大批的会计信息处置软件随着快速发展的互联网出现在市场上,其中很多盗版产品会产生巨大的负面影响,对公司的财政管理来说,很难保障会计信息的切实性与保密性。国家缺乏这类的法律法规,如保护正版产品的力度不够,以致盗版盛行,十分不利于会计行业检查会计信息。第二,互联网的发展和普及,很多电子商务公司随着普遍与繁荣的互联网而形成,然而我国还未健全与之关联的法律法规,缺乏网络会计的法律法规,很难完全监察这些企业,导致会计治理成效不大。同时,网络会计存在危险的原因是监察不力,因为监管不足也就无法保障会计体系的安全性。

(五)会计面临国际化发展的挑战

连续进展的电子商务与渐渐普遍的互联网,使得人和人、企业和企业之间不必受空间与时间的束缚,从而使他们的关系变得更加亲密。电子商务范畴伴着全球经济一体化发展变得更为广泛,群众能够与远距离的客户凭借互联网交通往来,并且在极短时间内可以成交数目巨大的额度,即全球一体化正渐渐产生。这也表明企业之间的竞争更加激烈甚至已波及全球。企业只有不断增强自己的竞争力,才能获取长久进展,在会计方面必须知晓与熟谙国外流行的会计机制、会计计算办法和财务报告的相关规制,并且要想应对国际化发展挑战,就需要找出与自身及我国国情相适应并且在国际上普遍运用的会计程序与会计制度。

二、"互联网＋"时代对会计教学的挑战

(一)国家的高等教育面临格局重构和生态重塑的严峻挑战

"互联网＋"时代促使高等教学资料的跨国界流通与高等教学市场的跨国际拓宽具备了可能性,使传统高等教学的市场壁垒被互联网时代所打破。以 MOOC(慕课)为首的线上开通科目不单表现了一种新型教育模式,更把新的教学形态催育出来,因此把塑造教育生态与重建高等教学市场布局引爆了。引入国外优秀教育资料,不仅会给国内高校带来生活压力,也将威胁国家的文化安全。尽管科技不分国界,但在传播过程中避免不了渗入西方资本主义价值观和意识状态。现在,文化软实力已变为竞争的重要部分。渗入的外来文化不仅对国家文化安全造成威胁,也让国家的文化软实力受到影响。

所以,改革高等教育一定要从全球策略高度出发。祖国的将来以及社会的精英恰恰是高校学生,如果我们的教育阵地渗入外国的教学资料而不能被自己的优秀教学资料所占据,那么大部分青年学生将被影响,后果非常严重。

(二)高等教育面临着教学模式冲击以及教育理念更新的挑战

以稳周课堂为主依然是目前高校的教学方式,而兴盛的慕课、转换课堂等将固定教育转变为以互联网为介质的新教学方式,学生变为课堂主角,自觉学习,教室不再是唯一的学习地方。在线学习伴随着迅猛进展的移动学习终端而成为生活中不可或缺的东西。假如不是社会用人轨制与学历轨制的政治的限制,那么高校的传统教育模式一定会被互联网所打击。训练知识型人才是高校的教学观念,然而高校学生的目的大多为毕业顺利找到工作,对学校安置被动接纳。所以,要想在激烈的竞争中不被踢出局,一定要塑造高校的教学观念。

(三)高校教师面临自身角色转变和信息技术应用能力的新挑战

在互联网教学方式下,高校教师应适应从信息的展览者向解答者、辅

助者的转变。翻转课堂的方式下,学生变成了课堂的主角,教师先录制好视频,学生依据课下观看由教师提前录好的视频,自觉学习,课上教师对学生的问题提供专门的解答。互联网教学方式下的高等教学对于教师有了更好的需求,要掌控坚实的信息科技教学技能,提升信息科技教育功能,加快与新型教育方式相结合。这对教师传统的教育观念造成了冲击,特别对于中西部地区的一些教师。尽管教育公正被国家所倡导,并且供应了信息化设施激励发展中西部地区的教育,但许多教师仍旧使用守旧的教育方式,没有实际性的进展与变化,墨守成规。所以,应转变理念,加快与互联网为舞台的新型教学方式相结合。

(四)学生面临更高的新挑战

学习资料在互联网笼罩的时代具备充足性和开放性的特点,但参差不齐,因此学生要想真正掌握知识,就要学会选择有用资料并解释吸收信息。学生在互联网教学方式下,学习内容与时间可以随意选择,但表现出反复性、杂乱性,所以要学会运用零星时间分离没用的信息,构造知识网,将散布的知识点体系化,把握中心知识。开通的网络可能会凭借和学习无关的内容扰乱学生的集中注意力,进而减少学习功效,起到相反作用。所以,在互联网教学方式下,对学生的学习技能、自主性等有了更高的要求。

第三节　会计教学改革的可行性

如今高新科学技术对经济发展产生的影响越来越大,科技成果转化为生产力的周期也一直在变短,知识更新换代的速度正在加快。不同领域、学科的互相交流与结合越来越影响有品质的科技成就及转变为生产力的程度。经济的全球化已经形成气候,以电脑技术为代表的信息技术已经渗透会计教学和实务的各个方面,所以我国会计教学的信息化和国际化是必备需求。信息教育、专业教育、创造性教育、道德教育、外语教育和计算机教育六大体系构成了于玉林提出的 21 世纪会计教学引导思维含义的主体。

一、信息化建设为会计教学改革奠定了基础

在会计教育的信息化方面,除了实验教学里对于实验信息平台在远程教学和模拟实习平台上的应用外,目前国外已经开始普及和使用可扩展商业报告语言作为财务报告的主要形式,我国有必要将这一革命性的最新应用扩展到会计教学和科研的各个方面。可扩展商业报告语言,是以统一的计算机语言形式和财务信息分类标准为基础的,使财务信息可以跨平台、跨语言,甚至跨会计准则,进行即时地、电脑自动化地上报、搜集和分析的一项信息技术。目前,此技术只应用于我国上市公司在上海证券交易所和深圳证券交易所两个证券交易所的网站上,其他各方面的应用较国外(如美国的强制 Edgar-online 财务报告系统和英国的强制性税务报告形式等)还是比较落后的。我国的会计信息化教育可以此为重点,抓住当前的机遇,满足时代的要求。

二、国际化为会计教学改革提供了方向

在互联网的时代背景下,信息交流变得更为流畅,经济也日益多样化和全球化,因此,会计教育的国际化发展变得尤为重要。在会计教育的国际化进程中,除了教育方式和培养目标的国际化(英美当前的中低级复合型人才和高级专业人才的趋势)外,目前国际化的关键因素是双语教学(或全英文教学)。会计双语教育主要涵盖了教材的国际化、教学和考试主要采用英语,以及教师队伍的国际化三个方面,这三个方面也是我国当前主要面临的三大挑战。在选择英文原版教材时,许多高等教育机构面临版本过旧的问题,未能根据国际变化及时进行更新。在教学方法方面,专业教育的外语形式与外语语言教育并没有完全区别开来。在师资方面,过分依赖本校有限的双语教师资源,从而没有充分利用外教的潜能。实际上,通过适当的外部招聘或与国外大学的合作,引入国外的会计专业教师进行教学,可能会获得更佳的教学成果。

三、专业化和实用性为会计教育改革提供了途径

伴随着连续增加的社会竞争,高校学生掌握基础知识的程度在找工作上与研究生或更高级别的研究者相比并没有优势,而高校更偏爱训练学生专科技巧能力,从而让学生凭借较高的实习技能以及良好的业务素养达到任职工作职位的目标。会计专科的学生在专业性方面的要求被用人单位的现实要求与社会进展的趋势越提越高,会计专业为了使社会对会计专科学生的需求被满足,自动表现出了专业进展形势渐渐增强的特点。

学生的训练方向是由高等学校对于某用人机构和社会部门的需求决定的,这也是高校在教育教学经历中尽最大努力为学生供应模拟与实习机会的原因。终归夸夸其谈式的会计教育是无意义与价值的。从实践情况看,一般用人机构不愿意劳心费力去训练会计专科学生原本应当在学校获取的能力。所以,会计专业的教育教学在高等院校的进展思路,尤其是高校会计专科的进展前景来看越来越实用。

四、综合性发展为会计教育改革确立了目标

高等院校也认识到训练学生综合能力的重要性。相对会计专业来说,训练会计专业学生的实务操作能力、理论知识以及经济法规、会计法规、职业道德等内容两者是缺一不可的。所以,目前高等会计专科学生的综合素质也在持续加强。

第四节　会计教学改革的必要性

随着互联网时代的到来,经济全球化的趋势越来越明显,会计教育环境也随之发生变化,面对飞速变化的世界,会计专业教育也应该适应时代发展,充分利用互联网对会计教育的有利影响。时代的变化必然对会计教学提出新的要求。

一、"互联网＋"时代学生创新能力的加强

在"互联网＋"时代,会计专业学生要同时具备强大的解决会计事务的技能以及创造才能。其既表现在完备与变革公司内在谋划组织的各类方法准则,创建有用的内在掌控规制来与社会需求符合,又表现在创造与变革会计督察、计算等详细会计岗位。伴随着会计行业的迅猛发展,创造能力所占的比重在会计人才智力组成中越来越大,社会对会计人才素养要求变得越来越高。

二、"互联网＋"时代学生应变能力的需要

在"互联网＋"时代,互动性、及时性和变化性是市场信息的三大特点。会计学、管理学、经济学等方面的基础知识、内容和能力不仅需要被会计专业学生全面掌控,从而拥有任职本专业岗位的技能,更需要学生具备的能力能够与将来烦琐变换的会计环境相适应。权衡学生素质的标准不只是单一适应现在岗位的能力,还要看他是否可以把新知识引进到现有知识中,即看学生的潜力及其发展情况。换个说法,即懂得凭借已然变化的客观环境,使用基础原理和专科理念学问去处理、解析现实问题,寻求新的工作范畴与方法。

三、"互联网＋"时代学生研究能力的提高

在"互联网＋"时代,由于资源丰富,我们要接收的信息量巨大,所以每个人都要提高各方面的能力,成为一名综合型人才。会计专业学生不仅要有较强的获取与处理信息的技能、人际交往技能和话语表达技能,还要具备必需的研发技能,并掌握资料查找、文献搜索的基本方法。因此,为了训练学生探索新知识的技能与创造思想,技能提升应该贯穿于教育的全过程中。

四、"互联网＋"时代学生综合知识的增加

会计专业学生不仅要熟谙国家相关法则、策略及目标,还应知晓国际

会计常例,具备很高的专业外语与公共外语水准用来国际经济交流,具有相应的国际经济交流需要的学问,特别是贸易、金融、税收、会计等方面的学问。此外,信息科技学问一定要掌控,即一定要具备操纵计算机的能力,包含运用和维修、策划计算机网络信息体系、利用计算机软件创建各类解析模式等。另外,还要具备通过计算机软件实施解析、操控、决断、展望等会计组织的能力以及运用计算机实施审核的能力。

五、"互联网＋"时代通用型会计人才的需要

在"互联网＋"时代,开通的信息资料为世界各地的学生敞开了随处可见的学习之门,这会对高等教学引发强烈的改革。在这个前提下,让高校运用移动课上资料训练通用型会计人才具备了可能性。

毕业后,会计专业学生不单要可以担任与会计有关的管理岗位,甚至在其他管理岗位,也可以担任各种所有制公司、组织形式、行业中的会计岗位。位于各类职业以及各类特殊职业的会计虽然具备各自的特点,但基础原理是互通的,把握基础方式与理论是会计教学的核心,应该探索课程配置与职业区分是否符合。

第二章 高职院校会计教学改革的模式创新

当前时代背景下,高校会计教学需要摒弃传统模式,赋予其更多的创新精神。本章将重点讨论四种当代高校会计教学模式的创新:任务驱动型教学模式、翻转课堂教学模式、慕课教学模式以及微课教学模式。这四种教学模式旨在通过个性化、互动性、实践性和便利性等特点,提高学生的学习效果,激发其主动学习的积极性,为他们的未来事业打下坚实基础。

第一节 任务驱动型教学模式

一、任务驱动型教学模式的概述

(一)任务驱动型教学模式的概念及意义

1. 任务驱动型教学模式的概念

任务驱动型教学模式是一种基于建构主义理论的教学方法,是指以任务作为教学的导向,通过设置不同的任务,学生独立或者通过合作的方式完成任务,最终掌握知识并获得能力的提升。有学者为了让教育工作者更为简洁地理解任务驱动型教学模式,将该模式中的"任务"解读为"让学生在课堂上围绕学习目的,对语言进行初步理解、再处理,最终生成自我感知后进行课堂互动的作业"[1]。当然,任务驱动型教学模式中的"任

————————

[1] 张青.任务驱动法在高中语文阅读教学中的应用研究[D].济南:山东师范大学,2019.

务"绝不是一般意义上的"课堂作业"那么简单,它是具有实践特色的、与生活阅历挂钩的、符合课堂教学内容的一项工作、一个难题,可以是习题,可以是案例,可以是游戏,更可以是一个场景。总之,"任务"的形式是多样的,其内容也是非常丰富的。

2.任务驱动型教学模式的意义

任务驱动型教学模式作为一种新的教学模式出现在高校会计课堂教学中,与传统的教学模式相比,能够为会计课堂注入新的生机,提高高校会计的教学质量。具体而言,该模式实施的意义有如下几点。

其一,有利于提高学生学习主动性,培养学生的探究能力。在课堂教学中,"任务"的布置有助于学生主动权的发挥,因为学生的学习不再是漫无目的地等着教师灌输,而是需要带着任务有目的地进行探究。在学生针对问题进行探究的过程中,无论是学生独自探究,还是通过小组的方式合作探究,都有助于提高学生的探究能力,而且通过学生的合作探究,还能够培养学生的合作能力,这对学生综合素养的提升大有裨益。

其二,增强学生的团队合作精神和沟通能力。任务驱动型教学模式是一种重视团队协作的教育方式。通过将学生组织成小组,并在任务中分工合作,学生们可以相互学习和互助,从而培养他们的团队合作精神和社会实践能力。在这样的教学模式中,学生们需要共同应对各种任务和挑战,并携手合作来解决问题,这也增强了他们互相协助和倾听他人观点的能力。学生们通过集体协作,不仅学会了如何在集体环境中充分利用个人长处,还共同完成了指定任务,从而增强了他们的团队合作意识和责任心。除此之外,任务驱动型的教学方法也有助于提升学生的交流与沟通技巧,让他们能够更好地听取他人的观点,并擅长与他人协同工作。这些团队之间的合作经验将帮助学生在将来的社会实践中更有竞争力,并更容易适应各种不同的工作环境。

其三,有助于提高教师的专业素养,拉近师生距离。对于教师来说,也需要不断地提升自我,适应时代发展对教师的要求。在传统的教学模式中,教师十年如一日地讲述知识,很多教师习惯了因循守旧,教学能力虽然在逐渐提高,但有些专业性的教学素养却没有得到提升。而新的教学模式的应用迫使教师走出原来的"舒适圈",教师需要接受和学习新的教学方法,这对于教师来说本身就是一个提升。另外,该模式的运用是围绕"任务"展开的,学生在针对"任务"进行探究的过程中难免会遇到各种各样的问题,而教师并不是布置完"任务"就可以高枕无忧了,还需要走近学生,随时关注学生探究的情况,然后针对学生存在的问题予以解答。这样不仅增加了师生互动的频率,对于拉近师生距离、促进师生关系也起到了一定的作用。

(二)任务驱动型教学模式的理论支撑

1.建构主义学习理论

建构主义学习理论源于瑞士心理学家让·皮亚杰(Jean Piaget)的儿童认知发展理论,受到苏联心理学家维果茨基(Vygotsky)的社会文化历史观与"最近发展区"理论以及美国心理学家杰罗姆·布鲁纳(Jerome Seymour Bruner)的认知结构理论等理论的深刻影响与推动。这一理论揭示了学习过程并不仅仅是知识的传递,而是在特定的社会文化环境中,通过教师和学习伙伴的协助,利用相关学习材料,学习者能够构建自身的知识和理解。这一过程通常需要学习者主动参与,通过与他人的交流和合作来完成知识的构建。基于此,建构主义理论强调四个核心要素或属性,即"情境""协作""会话"和"意义建构"。这四大属性构成了有效的学习环境,有助于学习者通过主动参与和合作,构建自己的知识和理解。

在教学活动中,建构主义的理念主张以学生为核心,强调学生的中心地位,同时也高度重视教师在教学中的指导角色。在这一转变过程中,学生不再仅仅是被动地接收信息和知识,而是开始主动地去寻找和处理这些信息,以此来构建和理解自己的知识体系。教师的角色已经从仅仅是知识传递者,演变成了在意义构建方面辅助和推动学生的指导者。在学习的过程中,学生应当积极地搜集、分析信息、寻找问题的答案,并将新的知识与他们的实际经验结合起来。他们需要深入地思考并建立自己的思维方式,掌握学习的技巧,拥有自我管理和反思的能力,并积极地参与各种交流和合作活动。教师有责任构建与学习内容相匹配的场景,以激发学生的学习热情,为学生提供构建新知识的途径和策略,组织合作式的学习,并引导他们进行讨论与交流。

在教学活动中,任务驱动型教学模式深刻地反映了建构主义理论的核心观点。学生在设计具有挑战性的任务时,需要主动地搜集信息,运用他们现有的知识和技巧来解决问题,调整自己的学习策略和方法,与他人进行合作和交流,并对自己的学习过程和成果进行反思和评估。教师扮演着指导者和协助者的双重角色,在协助学生完成任务的同时,帮助他们构建新的知识,从而实现学习意义的构建。这一教学方法与建构主义的理念高度一致,有助于增强教学成果,并培育学生的自主学习和创新思维。建构主义教学设计原则以及对任务驱动教学法的指导意义具体如表2-1所示。

表 2-1　建构主义教学设计原则以及对任务驱动教学法的指导意义

建构主义教学设计原则	对任务驱动教学法的指导意义
将学习活动置于较大的任务或问题中	整个教学过程围绕一个或几个任务展开
为学生提供丰富的认知工具	教师要为学生准备一定的学习资料
设计真实的任务	任务的设计要符合学生的身心发展水平,贴近学生的实际学习生活
设计的任务和学习环境能够使学生在学习结束后适应复杂环境,解决问题	任务要有利于发展学生独立发现问题、解决问题的能力,注重方法的领悟
给予学生解决问题的自主权	学生主动承担任务,分析任务,独立选择解决问题的方法和途径
设计支持并激发学生思维的学习环境	教师要根据学生的"最近发展区"创设学习情境
鼓励学生根据可替代的观点和背景检测自己的观点	教师应多为学生创造合作交流的机会,鼓励学生发表自己的观点
提供机会,支持学生对所学内容与学习过程进行反思	学生要参与任务成果的展示和评价,从而激发自身对学习过程进行反思

2.学习动机理论

任务驱动型教学在教育实践中常常被误解为一种权威的、压力重重的教学方式,这主要源于"驱动"一词的含义。然而,这种理解并不符合现代"以学生为本"的教育理念,也使得任务驱动型教学法受到一些批评。要更准确地理解"任务驱动",就需要深入分析和理解学习动机理论。

根据现代学习理论,学习动机被定义为一种能够直接驱使学生学习的内在驱动力,它不仅是激发和指导学生学习的必要条件,而且在教育过程中主要表现为学生的成就驱动。教育的核心目标是唤起学生的成就感,并指导他们形成一个积极的探索和自我构建的健康学习过程。因此,在教学实践中,教师持有这样的观点:任务驱动的核心应当是通过任务来激发、加强并保持学生的成就动力。换句话说,真正驱使学生学习和完成任务的核心动力是成就动机,而这些任务仅仅是学生展示成就动机的外部平台。在教学活动中,教师有责任构建一个既自然又真实的教学环境,并提出一个既全面又具有挑战性的教学任务。这样的情境和任务设计有助于学生更深层次地认同任务,进而在任务构建的实际环境中更好地理解这个世界,促进学生与任务、学生与教师之间的和谐交流。教师所扮演的角色是通过构建任务框架和对学生进行积极而建设性的评估,进一步激发、保持和加强学生的成就动力。如此一来,学生会培养出一种积极、健康且具有自我导向的学习热情。

美国认知教育心理学家奥苏贝尔(Ausubel)的成就动机理论也为教师深刻理解"任务驱动"提供了理论支持。成就动机可以从认知内驱力、自我提高内驱力和附属内驱力三个方面加以解释。

(1)认知内驱力。奥苏贝尔的理论主张,人的学习动力来源于对认知的内驱力。这种内驱力主要表现在个体对知识、技能和理解世界的渴望。在任务驱动型教学中,这种认知内驱力可以被成功激发。教师通过设计丰富的任务,引导学生探索、思考并解决问题,满足他们的认知需求。同时,完成任务也让学生体验到对知识的理解和掌握,进一步激发他们的认知内驱力。这种认知内驱力的激发并不局限于学生的学术性知识获取，它也影响学生的道德理解、艺术欣赏等多方面。因此，任务驱动型教学有助于全面提升学生的素质，增强他们的社会适应能力。

（2）自我提高内驱力。自我提高的内驱力源于个体对自我价值和能力提升的渴望。每个人都有一种不断提高自我、实现自我价值的内在驱动力。在任务驱动型教学中，学生在完成任务的过程中，不断挑战自我，提高自己的知识技能水平。此外，完成任务的过程也是自我认知的过程。学生在解决问题的过程中，了解自己的优点和不足，从而有针对性地进行改进和提高。这种自我提高的过程不仅提高了学生的学习能力，也提升了他们的自我认知和自尊心。

（3）附属内驱力。附属内驱力描述的是一个人为了获得长辈（如家长或教师）及他人的肯定或认同，而展现出的将工作做得出色的需求。举例来说，由于学生在任务完成过程中表现出色，他们得到了教师和同学的高度评价，这将促使他们更加积极地投入学习，以期更有效地完成各项任务。在教师的日常生活和职业生涯中，尤其是在课堂上，他们应当重视个人修养和形象的塑造，这样才能在学生的心中成为一个值得信赖和尊重的教育者。在采用任务驱动型教学方法时，教师应擅长识别并在适当时机赞扬学生的长处，鼓励学生之间的相互尊重、欣赏和学习，确保学生在一个和谐的学习氛围中共同进步。显然，采用任务驱动型教学方法并不能完全消除学生的被动态度，因为学生总有其固有的缺点，他们需要经历一个从被动到主动的转变过程。然而，这并不能作为教师或任务去"推动"学生的借口。只有当教师在教学过程中真正地激发学生的成就感，任务驱动型教学方法才会真正充满活力。

3."主导-主体"教学系统设计理论

"主导-主体"教学系统设计理论是当前教育理论研究的一种新的尝试，以学生为主体，以教师为主导，实现最优化的教学效果。在这种理论下，教师与学生的关系从传统的教师主导模式转变为以学生为主体、教师主导的双向互动模式。在教学过程中，教师通过引导、建议和支持等方式,帮助学生形成有效的学习策略,激发学生的学习动机,提高学生的自主学习能力。同时,学生在教师的引导下,主动参与学习活动,积极探索问题,养成自我发现和自我学习的习惯。

"主导-主体"教学系统设计理论强调学生的主体性和教师的主导性,教师在教学过程中,不仅要重视传授知识,还要注重学生能力的培养,特别是学生的自主学习能力、问题解决能力和创新能力。因此,教学设计要考虑到学生的认知特点、兴趣爱好和个人需求,根据学生的实际情况,制定合适的教学策略,提供适当的学习资源,创设富有挑战性的学习环境,使学生在活动中主动探索、自我学习,形成深层次的认知和理解。此外,"主导-主体"教学系统设计理论还强调教师和学生的互动。教师与学生之间的有效沟通和交流,可以增强教学的互动性,激发学生的学习兴趣,增强学生的学习动机,从而提高学习效率。因此,教师应该主动与学生沟通,了解学生的学习需求和学习困惑,及时给予指导和帮助,支持学生的自主学习。

任务驱动型教学模式与"主导-主体"教学系统设计理论的理念高度吻合。在任务驱动型教学中,教师是学习的指导者,他们提供学习任务,引导学生探索知识,学生则是学习的主体,他们主动参与学习,通过完成任务,实现自我学习和自我发现。这样的学习模式有助于提高学生的自主学习能力,培养他们的创新精神和团队协作能力,同时也满足了他们的求知欲望,使他们在学习中体验到成功的喜悦并实现自我价值,从而激发他们的学习热情,提高他们的学习效率。

二、任务驱动型教学模式的设计原则

任务驱动型教学模式是否能够发挥出良好的教学作用,前期的设计理念和后期的实验实践至关重要,而教学原则是判断教学设计是否遵循教育教学规律的关键。结合高校会计课程和任务驱动型教学模式的特点,在教学设计过程中有如下教学原则需要遵循。

(一)学生主体性原则

学生主体性原则强调,在教育过程中,学生应作为中心,教师的角色是引导和辅助,而学生则是学习过程的主导者和主角。在会计的教育过程中,这一教学原则着重于鼓励学生的积极参与,鼓励他们进行独立的思考、独立的学习和主动的探索,从而更加深入地理解和掌握会计的核心知识,并培养出正确的会计思维模式。通过把学生置于教学活动的核心位置,激发他们的主观能动性和创造力,学生不仅能更积极地参与到学习过程中,还能对所学知识有更深入的认识,同时也能对自己的学习水平有更高的期望和更深刻的了解。学生主体性原则也强调了教师需要尊重学生的个性差异,因为每个人的学习方式和进程都是不同的,教师需要灵活适应和满足这些个体差异。在具体的教学过程中,教师可以设计一些问题来激发学生的思考,或者让学生参与一些模拟的会计实践活动。通过这些活动,学生可以将所学的知识和技能应用到实践中,从而提升自己的能力。因此,在会计教育中,学生主体性原则起到了至关重要的作用,它不仅能够增强学生的学习效果,同时也有助于培育他们的独立思维和问题解决技巧。

(二)任务驱动分层化原则

任务驱动分层化原则指的是在任务设计中,应将任务分为多个层次,以满足不同学生的学习需求。任务分层化设计主要基于对学生学习差异的尊重,认识到学生的知识背景、认知能力、学习兴趣等方面存在差异,因此,需要提供具有不同难易程度和不同类型的任务,使所有学生都能找到适合自己的学习任务。

分层化的任务设计有助于达到个性化和差异化的教学效果,学生可以根据自己的学习能力和兴趣来选择最适合自己的任务。通过这种方式,我们可以在确保教学内容的完整性和系统性的基础上,激励学生在他们的能力范围内进行自我挑战,从而使他们在解决问题和完成任务的过程中感受到成功,并从中获得满足和成就感。另外,分层化的任务设计方法也能有效地提升教学的效果。通过层次化的任务设计,教师不仅能更有效地管理和引导学生的学习进程,还能对学生的学习成果和进度进行更加精准的评价和反馈。

需要强调的是,尽管任务驱动的分层化原则存在,但这并不代表教师应该为每位学生分配一个截然不同的任务;反之,所有任务都应以核心教学目标为中心,即便是不同级别的任务,也应保持一定的相互联系和连贯性,以确保教学的完整性和深度。教师在教学过程中,应依据学生的学习成果和他们的反馈,适时地调整教学任务的难度,以确保学生的学习积极性和最佳效果的呈现。

(三)激励原则

激励原则是指在教学过程中,教师应尽可能地通过各种方式激发和保持学生的学习动机,提高学生的学习兴趣和学习投入度。根据心理学的研究,人的行为往往由其内在的需求和动机驱动,同样,学生的学习行为也是由其学习需求和学习动机驱动的。因此,提高学生的学习动机,尤其是内在动机,是提高学生学习效率的关键。

在任务驱动教学模式中,教师可以通过以下几个方面来实施激励原则。首先,教师可以通过设计具有挑战性和实际意义的任务来激发学生的学习兴趣和学习动机。这些任务应与学生的生活经验、社会环境和职业发展紧密相关,使学生能感受到学习的实际价值和意义,从而主动参与到学习中去。其次,教师可以通过实施公正、及时和具有针对性的评价来提高学生的学习动机。评价不仅是对学生学习成果的反馈,更是对学生学习过程的引导。良好的评价应该能够使学生清楚地了解自己的学习情况,从而对自己的学习进行调整和优化。最后,教师可以通过提供各种学习资源和学习支持,创设积极的学习氛围,使学生在充满关怀和支持的环境中进行学习,这样可以降低学习压力,提高学习自信,从而提高学生的学习动机。

三、任务驱动型教学模式的过程模型和流程

(一)任务驱动型教学的过程模型

任务驱动型教学的核心是"以学生为中心",模拟场景并通过任务的

完成驱动教学的进行。任务的设计过程首先要把握好课程标准和课程要求，将课本上的知识进行整合，将实际教学内容设计成任务；任务类型多样，可以将任务内容设置为思维导图的绘制、教学案例的分析等形式；任务设计要尽量符合学生知识结构，教学案例要贴近当前发展，具有代表性和时代性；任务设计的难度要循序渐进，要关注到班级内的学生层次化；任务设计要建立统一的评价标准，以及评价方法多元的评价方式。

任务驱动型教学以引导学生自主学习为主，逐步上升到通过小组合作解决问题、完成任务。在对课本内容进行整合的基础上，将日常生活中的实际案例和常用工具、软件的使用等与课本知识相结合进行任务设计。学生在学习课本知识时，能够根据提供的生活案例内容进行练习，建立知识关联，在完成任务的过程中获取知识，提高能力，树立信心。

任务驱动型教学的过程模型可以分为情境创设、任务实施、评价分析三个部分，以教材内容和学生知识结构为中心。

(二)任务驱动型教学的流程

任务驱动型教学的流程主要分为课前阶段、课中阶段和课后阶段三个部分。

1.课前阶段

教学课前阶段是任务驱动型教学法教学的关键，它主要包括任务的设计、教学资源的准备、学习困难的预测和预先教学四个步骤。

在任务设计的过程中，教师应根据课程的目的和内容，构思出既切合实际又具有挑战性的会计任务。这些任务可能包括处理会计信息、编制会计报表、分析财务数据、解决会计问题等，任务的设计需要考虑学生的学习水平、知识基础和实际需求，以确保任务的操作性和学生的学习兴趣。除了这些外，我们还需要搜集和组织与任务有关的各种教学资源，如教科书、参考资料、在线资源、实例分析和软件工具等。这些建议的资源不仅为任务提供了必要的信息和技术支持，还能激发学生的学习热情，鼓励他们主动地进行探索和自主学习。在预测学习难题的过程中，教师有责任预见学生在完成各种任务时可能会遭遇的挑战和问题，如理解会计概念的难度、操作会计技术的挑战以及解决会计问题的困难等。预测的核心目标是确保教师能在教学活动中为学生提供及时的帮助和指导,以帮助他们克服这些困难,从而顺利地完成教学任务。在预先教学阶段,教师可以根据学生的学习基础和任务要求,进行必要的预教学,如讲解会计基础知识、演示会计技术操作、解析会计案例等,预教学的目的是使学生具有足够的知识储备,以便更好地完成学习任务。

2. 课中阶段

课中阶段是在课堂上进行授课的过程,教师首先会清晰地向学生布置任务,并确保每个学生都理解任务的具体要求和完成目标。之后,学生将以个人或团队的形式开始执行任务,如收集和分析会计信息、使用会计软件进行数据录入和处理、撰写会计报告等。这个过程需要学生运用他们已经学习的会计知识和技能,同时也是他们掌握新知识、新技能的过程。

对教师来说,他们的角色已经转变为指导者和协调者,他们会持续关注学生的学习进展,及时识别学生在执行任务时可能遇到的问题,为学生提供必要的帮助和指导,帮助他们解决问题,克服困难,实现任务的目标。此外,教师也会积极地激励和指导学生进行合作式的学习,如探讨会计相关的问题、分享他们的学习心得、共同完成团队的任务等。通过这种合作式的学习方式,学生能够互相借鉴、互相启发,从而提升他们的学习效果和成果。除此之外,为了更好地了解学生的学习进度和效果,教师还会仔细观察和评估学生的学习表现,进而对现有的教学策略进行相应的调整和完善。在对教师的评估中,我们应当注重教学过程,突出学生之间的个体差异,并激励他们进行独立的思考,从而培养他们的创新思维和问题解决技巧。

3. 课后阶段

课后阶段是任务驱动型教学模式的最后阶段,这个阶段主要涉及任务的总结、反馈和评价等环节。在课堂教学结束后,教师可以要求学生进行深度的自我反思和学习总结,以检验和深化他们对会计知识和技能的理解与掌握。例如,学生可以总结自己在完成任务过程中使用会计知识和技能的经验,反思自己的学习方法和学习策略,考虑自己在学习过程中遇到的问题和困难,以及是如何解决这些问题和困难的。同时,教师也会对学生的任务完成情况进行评价和反馈,给出对学生学习效果和学习进步的评价,并对学生在完成任务过程中的表现给予相应的反馈。这种反馈可以帮助学生了解自己的学习情况,明确自己的学习目标,调整自己的学习方法和学习策略。此外,教师还可以组织学生进行课堂分享和讨论,让学生将自己在完成任务过程中的经验和教训分享给其他同学,通过交流和讨论,学生可以从其他同学的经验中学习,从而提高自己的学习效率和学习成果。

四、任务驱动型教学模式实施的策略

(一)正确认识任务驱动型教学模式,合理安排教学内容

大家都知道,认知是实践的基础,这是一个公认的事实。身为教育领域的专家,我们在教学过程中所展现的各种行为,在一定程度上反映了我们的教学认知。因此,为了有效地执行任务驱动型的教学模式,首要任务是确保教师对这种教学模式有正确的理解和认知。增强教师对这种教学模式的了解,主要有两种方法。其一是教师的自主学习和自我进步。教师的自我学习主要集中在对教育理论、教学手段以及教学技巧的独立研究和应用上。从理论研究的角度看,教师可以通过研读与教育教学相关的文献,深入了解并掌握任务驱动型教学模式的理论依据,这有助于增强他们对这种教学模式的理论理解。在教学方法和技能方面,教师可以借鉴和学习其他教师的成功经验和案例,掌握和应用有效的教学方法和技巧,从而提高自身的教学效果。在教学实践中,教师有机会对自己的教学方法和成果进行深入的反思和总结,从而识别出存在的问题,寻找到解决方案,并持续地提高自己的教学水平。其二是为教师提供专业的培训课程。这类培训通常是由教育管理部门、教育研究机构或高等教育机构等提供的,主要内容包括任务驱动型教学模式的理论讲解、实例演示、案例

分析、实践操作等。在教育培训的过程中,教师不只是可以深入并系统地掌握任务驱动型教学模式的相关理论,他们还可以通过观察示范教学、参与教学设计和进行教学模拟等多种方式,真实地实践和感受任务驱动型教学方法,从而进一步增强自己的教学技巧。这种培训为教师们提供了一个互相分享和交流的场所,让他们可以从行业内的经验中获得灵感和进步。经过系统的教育培训,教师在教学理解和能力上都有了显著的进步。

通过上述两种途径提升教师对任务驱动型教学模式的认知之后,教师才能够合理地安排教学内容。

(二)均衡理论与任务的权重,切忌顾此失彼

任务驱动型教学模式适合会计这种实务类的课程,但这并不代表着该教学模式适用于所有内容的教学,因为会计课程中也有理论内容,而且"任务"的进一步讲解有时也需要结合理论展开,才能收到最佳的效果。传统教学模式"重理论、轻任务",顾此失彼,但如果一味"重任务、轻理论"同样也是一种顾此失彼的体现。因此,在教学过程中,教师要均衡好理论与任务的权重,使学生既能够通过对任务的探究掌握知识和提高能力,又可以在理论知识的讲解下将知识系统化,实现全面的发展与提高。

(三)正视学生个体差异,进行拓展和延伸

在不同的学习阶段,学生在性格、兴趣和能力上都存在显著的差异。高等教育阶段也不例外。教师需要认识到学生之间的这些差异,尽管在分配任务时很难为每个学生制定特定的任务,但教师可以鼓励学生在完成任务的基础上进行自我扩展和深化,这样可以更好地展现学生的个性差异。当然,在设计任务驱动型教学方案时,教师需要深思熟虑。教案不仅应涵盖专业知识,还应包含一些基于专业知识对任务进行拓展和延伸的内容。这是因为许多学生可能对如何进一步拓展和延伸感到困惑。在这种情况下,教师的引导变得尤为重要,以激发学生的逻辑思维,引导他们朝着自己的思维方向进行思考、延伸和拓展。在学生进行了一系列的思考和拓展后,教师应该鼓励学生大胆地表达自己的观点。在进行点评

时,教师应以鼓励为主导,因为内容的拓展性并不涉及对错的判断,而是旨在激发学生的思维活力和个性发展。如果教师过于纠结是非问题,仅仅站在自己的立场上简单地给出一个正确或错误的答案,这样的做法可能会削弱学生的积极性,并对任务的延续产生不良影响。

(四)客观评价学生学习效果,提高评价科学性

任务驱动型教学模式的最后一个环节是评价,对学生学习效果进行评价。在传统教学模式中,教学始终以教师为主体,包括教学评价也是以教师评价为主。而在任务驱动型教学模式中,针对学生学习效果的评价不再局限于教师一人,而是采取"三主体"的评价模式,即教师评价、学生自评和同学互评。"三主体"的评价模式尊重学生的主体地位,引入了更多的评价主体——学生,能够使评价更加客观和科学。虽然从专业性上来说,学生评价的专业度较低,但学生评价能够为教师提供更多了解学生的视角,这是教师一个人所不能实现的。而且随着"三主体"评价模式的实施,学生的评价能力也会得到逐步提升,其评价的专业度也会一点点提高,进而使评价更具科学性。

第二节 翻转课堂教学模式

一、翻转课堂教学模式概述

(一)翻转课堂教学模式的概念及意义

1.翻转课堂教学模式的概念

翻转课堂这一概念源自教育界对传统课堂教学方式的反思和改革。在传统的教学模式中,教师在课堂上讲授理论知识,学生在课堂外进行练习和作业。而翻转课堂教学模式则将这一过程进行了"翻转",即在课堂外通过网络等方式学习理论知识,而在课堂上进行互动、讨论、解决问题等活动,使课堂成为学生互动学习、深入理解和应用知识的场所。

翻转课堂的核心理念是以学生为中心,强调学生的主体性和积极性,

倡导自主学习、协作学习和深度学习。在这一模式中,学生不再是被动地接受知识的对象,而是主动参与学习的主体,他们通过课前预习,提前掌握理论知识,然后在课堂上与教师和同学们进行深度的讨论与探究,解决实际问题,从而深入理解和运用知识,提高学习的效率和质量。而教师的角色也从传统的讲授者转变为学生学习的引导者和辅助者,他们主要通过设计和组织学习活动,提供学习资源,引导学生进行深度学习,帮助他们解决学习中遇到的问题。

2. 翻转课堂教学模式的意义

翻转课堂教学模式的意义主要表现在五个方面。一是改变了课堂的教学方式,使课堂更具互动性和参与性,增强了学生的学习兴趣和学习动力。二是提升了学生的自主学习能力,使他们能够主动探究和思考,养成自主学习和终身学习的习惯。三是强调了深度学习,使学生能够深入理解和运用知识,提高了学习的效果和质量。四是提升了教师的教学能力,使他们能够更好地满足学生的学习需求,提供高质量的教学服务。五是利用了现代信息技术,拓宽了教学资源的来源,丰富了教学手段,提高了教学效率。因此,翻转课堂教学模式是教育信息化条件下的一种重要的教学改革和教学创新方式,对于提升教育教学的质量和效果、促进教育公平、培养符合社会需求的高素质人才具有重要的意义。

(二)翻转课堂教学模式的理论支撑

1. 掌握学习理论

翻转课堂教学模式的理论支撑之一是 20 世纪六七十年代由本杰明·布鲁姆(Benjamin Bloom)提出的掌握学习理论。掌握学习理论主张学习应该是学生主动的、创新的过程。学生需要有自我调节和自我评价的能力,能够对自己的学习过程进行反思和修正。在这个过程中,学生的目标是理解和掌握知识,而不仅仅是记忆知识。翻转课堂的设计理念与掌握学习理论高度吻合。在翻转课堂中,学生通过在线预习,自主学习理论知识,然后在课堂上进行讨论和实践,这使得学生有更多的时间和机会理解与掌握知识。翻转课堂还强调个性化学习,这也与掌握学习理论的观点相一致。掌握学习理论认为,每个学生都是独特的,他们的学习需求和学习方式可能会有所不同。因此,教学应该根据学生的个体差异,提供适应他们需求的教学内容和方法。在翻转课堂中,学生可以根据自己的需要和速度,自主选择学习的内容和方式,这使得每个学生都能获得个性化的学习体验,有利于他们更好地理解和掌握知识。

因此,掌握学习理论为翻转课堂教学模式提供了强有力的理论支撑和指导,使得教学更加注重学生的主体性,强调知识的理解和应用,提升学生的自主学习能力和创新能力。

2.混合学习理论

混合学习理论强调教育者和学习者之间的交互作用,它融合了线上与线下的学习方法,允许学生在教师的指导下,采用各种学习策略进行自我驱动的学习,从而有效提升学习成果。混合学习理论的核心思想是融合多种学习策略和方法,以满足各种学习者的独特需求。混合学习模式的诞生,是为了突破传统面对面教学和纯在线学习两种教学模式的局限性。它综合了这两种教学模式的各自优势,不仅能有效地激发学生的学习热情和兴趣,还有助于提高学生的自主学习能力。更具体地说,面对面的课堂教学能够为学生提供即时的学习反馈和方向指引,使他们能够通过互动和讨论来加深对知识的理解;而在线学习则为学生提供了更高的学习灵活性,使他们能够根据自己的学习节奏和需求来进行学习。

翻转课堂的教学方法实践证明,采用混合学习理论能够显著提升教学的效果。学生在上课前有机会独立地进行学习,翻阅相关的知识资料,并进行预习或回顾,这有助于增强他们在课堂中的参与度。在课堂教学中,教师可以根据学生的学习需求,提供有针对性的讲解和指导。通过各种方式(如讨论、实践和项目等)帮助学生将所学知识应用到实际生活中,这不仅可以增强学生的理解和掌握能力,还有助于培养他们的实践和创新能力。

3.关联主义学习理论

关联主义学习理论提供了一种学习的独特视角,认为学习的实质是信息的重新连接,这是一种突破个人学习边界,使知识作为信息流在个体之间传播的过程。关联主义学习理论主张知识之间是依据节点而连接成网的,不同的知识信息网络会导致决策和认知理解的差异。因此,面对新知识的不断涌现,学习者需要具备区分重要信息和非重要信息的能力。在大数据时代,如果没有这种能力,学生可能会陷入海量信息的漩涡,不能自拔。同时,学习者需要有不断更新知识的意识和思维。新的信息不断涌入可能导致原有的知识体系需要重新建构,甚至部分崩塌,需要重新梳理新旧知识。

关联主义学习理论的中心思想是,学习是一个持续地联结和生成的过程。学习者可以被视为知识网络中的一个重要节点,由多个节点组合而成,形成了一个具有多个维度、交织纵横、关系紧密的信息网络。通过反向的理解方式,知识网络持续地向学习者提供最新的信息,从而更新他们的知识储备和知识容量。这样的双向信息输入为个体知识的完整性和整体认知体系的构建创造了有利条件。在这个网络化的社会环境中,个体间的信息交流如同电流般在相互连接,持续地进行着构建和重构。关联主义的观点为我们提供了一个有益的视野,突出了在学习过程中建立关系的核心地位,以及信息与知识在此过程中所扮演的关键角色。将知识网络形容为一个渔网,其中信息犹如网络中的一个节点,而知识则是连接这些节点的纽带,它决定了信息如何流动和交换。这一理论突出了在关系中学习与分布式认知的核心地位。

翻转课堂的教学方法深受关联主义核心思想的影响,在此模式中,学习不再仅仅是个体的孤立行为,而是转变为集体的创新活动。当前的教育实践通常强调学生在自主思考的前提下,通过团队合作来建立共同的认知,然后超越小组的界限,融入更广阔的班级环境或更宽广的在线学习网络中。在这个课程设计过程中,学习者充当着推动这一过程的核心角色。

在实际的教学过程中,每个学生都应被鼓励大胆表达自己的观点和思考,积极参与到班级的人际交流中。这是确保知识传播的重要条件。

可以看到,翻转课堂要求学习活动能够包含个体、小组以及更大范围的群体的参与,范围甚至可以扩展至整个网络空间。

每一个学习者都被视为一个信息节点,需要在各种渠道中寻找对自己有用的、可以丰富自身认知体系的资源。教师的角色就是引导学生学会搜索和筛选信息,以培养他们的自我学习能力。同时,教师需要为学生的学习提供一系列辅助资源,如文本材料或网络链接,帮助他们构建更为完整的知识网络。

二、翻转课堂在会计教学中的具体应用

翻转课堂是一种非常有效的教学手段,它能使学生在完成理论学习的条件下,不断提高实践技能。在会计教学的过程中,多个教学章节都可以应用翻转课堂,下面以"复式记账与借贷记账法"为例,深入探讨翻转课堂在会计教学中的具体应用。在会计专业的学习过程中,"复式记账与借贷记账法"是一大重点,也是一大难点。因此,本书将翻转课堂教学模式引入课前准备、课堂过程、课后反馈及评价反思三个部分,以下进行详细说明。

(一)课前准备

课前准备环节包含三项任务:第一项为教学资源的准备;第二项为任务单的设计;第三项为学习活动的设计。

1. 教学资源的准备

准备教学资源主要可以划分为两大类:一是知识内容资源的准备;二是技术资源的准备。在准备知识内容资源时,我们主要考虑了教材、参考资料和在线资源等方面。例如,你可以选择一本内容浅显易懂且具有很高实用性的会计教材,以协助学生更好地理解复式记账和借贷记账法的基础理念和具体操作步骤。基于此,我们提供了一系列的专业参考资料和教育网站,确保学生在自主学习时有充足的参考资源,从而能够独立地解决一些核心问题。此外,为了帮助学生更深入地理解和掌握复式记账和借贷记账法,教师可以制作一些教学视频。这批视频能够清楚地呈现复式记账和借贷记账法的各个步骤和关键环节,有助于学生以形象的方

式理解这两种记账方式,建议每个视频的时长保持在 8～10 分钟。在视频制作过程中,教师需要充分考虑学生的学习能力,逐层地讲解内容,并根据相关会计知识章节的内容制作视频。制作的视频需要被整合,创建目录,并将视频字幕、动画和教科书的内容结合在一起,在强调关键和难点的同时,也需要建立一个完整的知识体系。详细的视频内容涵盖了借贷记账法的定义、特性,以及在借贷记账法下的账户结构和借贷记账法的实际应用。教师需确保视频中的每一个知识点都得到恰当的控制,合理地划分各个知识点,并结合理论与实际操作,对这些知识进行细致的分类。为了帮助学生更好地理解知识,教师可以利用动画的方式和动态的展示效果。例如,在学习"投资项目财务评价指标"这一部分时,教师可以通过绘制曲线图的方式,直观地展示经济生命周期的各个阶段。

在技术资源的准备方面,需要确保学生有足够的硬件设备(如电脑)和网络资源来接触与使用这些教学资源。对于一些在线的教学资源,例如,视频教程和在线模拟软件,需要保证学生有稳定的网络环境。如果条件允许,可以提供一些移动学习设备和移动学习软件,使学生能随时随地进行学习。

为了保证教学资源的有效利用,教师需要时常更新和筛选教学资源,保证其内容的新颖性和实用性。同时,针对学生的学习反馈,进行适当的资源调整和优化,以满足学生不断变化的学习需求。

2.任务单的设计

任务单是指导学生进行学习的重要工具。有效的任务单设计可以帮助学生明确学习目标,清晰学习路径,提高学习效率。对于复式记账与借贷记账法这一会计知识点来说,可以设计以两个方面为关注点的任务单。

一方面,专注于理解复式记账与借贷记账法的基本概念和原理。学生需要通过阅读教材和参考书籍,查阅网络资源,理解复式记账与借贷记账法的定义、特点、原则等基础知识。在这一过程中,教师可以设置一些理解性问题,检测学生对理论知识的掌握程度。另一方面,专注于复式记账与借贷记账法的具体操作。学生需要通过观看教学视频,模拟操作等方式,了解复式记账与借贷记账法的应用流程和关键步骤。在这一过程中,教师可以设置一些实践性任务,如设计一些模拟记账场景,让学生通过模拟软件进行实操。任务单的设计还应着眼于培养学生的批判性思维和创新能力。学生在理解复式记账与借贷记账法的基础上,需要思考其在实际工作中的应用价值,分析其优缺点,甚至提出自己的改进意见或新的应用思路。

3.学习活动的设计

学习活动的设计是翻转课堂教学模式实施的关键步骤,它直接关系到学生的学习效果。面对复式记账与借贷记账法这一专业课题,学习活动可以设计为以下三种形式。

第一种形式是独立学习,其中包含对课本的理论学习、教学视频的观看、课前预习和资料的查阅。学生在独立学习阶段主要对复式记账与借贷记账法的基本概念、原理和操作过程进行学习,同时完成任务单上布置的学习任务。

第二种形式是小组合作学习,这是指学生以小组为单位,共同研讨、解决具体的复式记账与借贷记账法问题。教师可以设计一些贴近实际的复式记账与借贷记账法案例,让学生们共同探讨、分析,并提出解决方案。在这个过程中,学生可以相互学习,取长补短,提高学习效率,也有利于培养学生的团队协作能力和实际问题解决能力。

第三种形式是全班研讨,教师在课堂上组织学生对复式记账与借贷记账法的一些疑难问题进行全班讨论,或者邀请学生上台进行复式记账与借贷记账法的操作演示,然后其他同学提问,教师指导,形成一种互动的教学模式。这种形式有助于激发学生的学习热情,培养他们的公众演讲能力和应对问题的能力。

(二)课堂过程

针对"复式记账与借贷记账法"这一学习内容,教师要合理组织和开展以下课堂教学活动。第一,让学生自行学习,总结出关于复式记账与借贷记账法的定义、特点等基础知识。第二,学生参考教师给出的理论知识模板,对自己总结出的基础知识加以修正。第三,让学生以实际的经济案例为参考,画出不同账户类别的基本结构,该活动可以让学生了解到复式记账与借贷记账法在实际生活中的应用,增强他们对学习内容的兴趣,也能够帮助他们更好地理解账户类别的基本结构。第四,让学生编制会计分录,登记各类账户,进行试算平衡实验,这一环节是对学生理论知识和实践技能的综合考查,可以让他们在实际操作中检验自己对复式记账与借贷记账法的理解和掌握程度,也能培养他们的会计实务操作技能。

(三)课后反馈及评价反思

翻转课堂教学模式的评价体系要更加关注学生的多元化发展,教学评价不仅仅包括对学生学业的评价、对教师教学能力的评价,更是对学生学习态度、进步程度的评价。教师可以建立多层次的评价体系,把学生在学习的方方面面都作为评价体系的一个标准,教师给每位学生都建立成长档案袋,成绩不再是唯一的评价标准,成长档案袋里记录学生的方方面面,大到学期的整体表现,小到课堂的表现情况。同时对于学生来说,他们可以有多种评价方式,如自评、他评、师评等。

本书制定了一系列评价标准,将评价标准分为学生整体看法、知识掌握情况、课堂表现情况、课堂任务完成情况四个部分,每个部分占的权重不一样,该课程学习评价表旨在帮助教师更好地把握课堂,随时调整教学计划,帮助学生更好地了解自己的学习情况。课程学习评价具体如表 2-2 所示。

表 2-2　课程学习评价表

评价内容/权重	具体内容	分值(满分为 10 分)
学生整体看法(5%)	对教学模式的接受程度	
	学习动机	
	课堂氛围	
知识掌握情况(40%)	复式记账原理	
	复式记账法的概念	
	复式记账法的特点	
	复式记账法的分类	
	借贷记账法的概念	
	借贷记账法的记账符号	
	借贷记账法的账户结构	

评价内容/权重	具体内容		分值(满分为10分)
课堂表现情况(30%)	参与程度	积极回答问题,认真思考	
		动手实践,独立完成	
		和教师有互动	
	小组合作	能参与小组合作	
		发表自己的观点	
		完成小组任务	
		和同学沟通交流	
	学习成果交流	语言流畅,用词恰当	
		突出个人作品特色	
		认真聆听他人的分享	
课堂任务完成情况(25%)	能够很好地独立完成		
	独立完成有困难,需要和同学一起完成		
	不能按时完成		
总分			

教师除了对学生的学习进行评价外,也要对自己的课堂教学进行评价,课堂教学的评价不应局限于学生的课堂表现和知识的掌握情况,而是要更加全方位地评价学生和教学,这就要求教师课堂教学评价表包含教学思想、教学过程、教学方法、教学组织、教学媒体、学生学习效果、教学素养及信息素养。教师课堂教学评价具体如表 2-3 所示。

表 2-3　教师课堂教学评价

评价内容/权重	具体内容	分值(满分为 10 分)
教学思想(5%)	遵循"以人为本"的教育理念	
	体现"混合学习"的教学思想	
教学过程(20%)	教学环节完整、紧凑,时间分配恰当	
	各个教学环节具有内在逻辑性	
	创设问题情境,合理分配教学任务	
	设计丰富的课堂教学活动,组织小组讨论,展示学习成果	
	引导学生自主探究,培养独立自主的能力	
教学方法(25%)	教学方法与课程内容、学生实际学习水平相匹配	
	选择多种教学方法,有效教学	
教学组织(10%)	选择恰当的教学组织形式	
	面向全体学生,关注个体差异	
	对学生进行有针对性的指导	
教学媒体(5%)	选择适合教学内容、学习者学习特点的多媒体,发挥媒体优势	
	合理使用幻灯片、投影仪等	
学生学习效果(20%)	学生积极参与课堂活动,有着强烈的学习兴趣	
	学生能够掌握基础知识和基本技能以及学习方法和思维	
	通过小组讨论、自主学习,提高自身沟通交流、信息整合、分析问题、解决问题的能力	
教学素养(10%)	深入挖掘教材,精准把握教学目标和教学重难点	
	板书规范整洁,教态得体	
	有随机应变的能力,能够处理突发事件	
信息素养(5%)	能够有效地将信息技术运用于课堂教学	
	具有常规电教媒体的操作与应用技能	
总分		

三、翻转课堂的实施要点和保障因素

(一)翻转课堂的实施要点

将翻转课堂引入会计教学过程中,在具体的落实环节需要关注以下几大要点。

1.确保学生在自主学习阶段拥有足够的自觉性

确保学生在自主学习阶段拥有足够的自觉性是实施翻转误堂模式的基石。后续所有教学过程中的设计和落实环节及最终实现教学目标的可行性,都依赖于学生在自主学习阶段的表现。尤其是在翻转课堂的环境下,学生是否能够完整地观看视频,并从中获取和吸收新的知识,将直接决定课堂活动的开展质量。倘若学生无法或者不愿进行自主学习,那么预定的课堂活动无法顺利开展,教学质量和教学效果的提高便只能是一种理想化的设想。因此,在教学设计和实施过程中,必须高度重视激发和培养学生的自主学习能力与自主学习意愿,这也是翻转课堂模式展现其教学优势的关键环节。

2.确保教师提供的教学资源有一定的趣味性

尽管学生需要承担起自主学习的责任,但教师也需要做出相应的努力以吸引学生对学习的兴趣,使他们愿意投入自主学习之中。具有趣味性的教学资源不仅可以吸引学生的注意力,也能够提高他们对学习的热情。例如,将复杂的会计原理通过动画或故事的形式呈现,可以使枯燥的知识变得生动有趣,增强学生的学习动力,激发他们的好奇心和探索欲望,使他们更容易理解和记住这些知识。因此,教师在制作和选择教学资源时,必须考虑其趣味性和吸引力,使学生在自主学习时能够感到愉快和满足,从而提高他们的学习效果和学习满意度。

3.在设计课堂活动的过程中,目的性和趣味性并存

教学活动设计的核心目标在于激发学生对知识的热情,并帮助他们将知识运用到实际中去。因此,活动的设计应尽可能地以学生为中心,强调学生的参与性和实践性。设计者应深入理解学生的需求和兴趣,使活

动既能够达到教学目标,又能满足学生的兴趣,从而在愉快的学习氛围中提高学习效率。例如,通过设计一些模拟实际生活中的会计问题的游戏或挑战,让学生在实践中深入理解复式记账与借贷记账法的运用,这种活动既有目的性,又富有趣味性。在活动设计中,要注意创新和差异化,避免一成不变,让学生始终保持新鲜感,从而激发他们持续学习的动力。

4.注意课堂纪律的维持

课堂教学是一种半透明、有组织的活动,因此,保持课堂秩序、营造良好的教学氛围是极其重要的。尤其在翻转课堂的教学模式下,学生的主动性和参与度都得到了显著的提升,如果课堂纪律得不到妥善维护,可能会对教学成果产生不良影响。维护课堂纪律不只是要求学生遵循一些基础的教学规定,如不迟到、不早退、不制造噪声等,更为关键的是要在课堂环境中营造一个积极的互动氛围,使学生能够主动地参与到教学过程中,而不是被动地接受教育。为了创造一个有组织、充满活力且高效的学习氛围,教师可以采用明确的教学目标、科学的教学组织和高效的课堂管理策略,进而优化教学成果。此外,教育者还应致力于指导学生形成正面的学习态度,培养他们的独立学习技巧,确保他们在课堂翻转模式中更为高效地完成学习目标。

(二)实施翻转课堂的保障因素

要保证翻转课堂教学模式的正常实施,还需要具备以下几个方面的条件。

1.学校信息技术水平的提高和网络设备的完善对于翻转课堂教学模式的正常实施至关重要

实施翻转课堂的模式需要广泛地应用信息技术。在翻转课堂的教学模式中,电子资源是主要的教学资源。无论是学生在课前的独立学习,教师在课堂上的授课,还是课后的学习反馈,网络都是不可或缺的工具。因此,如果学校在信息技术方面的能力不足,或者其网络设备存在缺陷,那么翻转课堂的执行将会受到直接的制约。例如,当网络运行缓慢或频繁断线时,学生可能无法正常观看教学视频,这可能会对他们的学习热情造成负面影响;在课堂教学中,教师同样需要依赖电子教学设备,一旦这些设备出现故障,教学过程可能会受到影响。为了确保翻转课堂的成功实施,学校必须保障信息技术和网络设备的稳定运行。与此同时,随着科技的持续发展,各种新型的教学工具和应用软件也在不断涌现。因此,如何有效地运用这些工具和软件,并结合翻转课堂的教学模式,成为学校和教师需要深入思考和研究的重要问题。

2. 对会计专业教材进行优化调整是实施翻转课堂教学模式必须考虑的重要因素

会计专业教材的质量和适用性直接影响学生的学习效果。在翻转课堂模式中,教师要提前布置自学任务,教材便是学生自主学习的主要依据。因此,如果教材没有做到适应性的调整,那么学生就很难在课前完成预设的学习目标。例如,教材中的知识点可能过于烦琐复杂,难以让学生在短时间内自主掌握,或者教材中缺少实例分析,导致学生在理解复杂会计概念时无从下手。这些都会影响到翻转课堂模式的实施效果。因此,对教材进行优化调整,将其内容进行合理地精简和重组,加入更多的实例,以便于学生的自主学习,这是非常必要的。这样不仅可以提高学生的学习效果,还可以提高教师的教学效率,从而更好地实施翻转课堂教学模式。

3. 教师需要不断完善自己,以符合翻转课堂和信息化时代的要求

翻转课堂模式的成功执行不仅取决于高质量的课程内容和先进的技术设备,更重要的是教师的教学态度和教学能力。为了提高课程的吸引力和趣味性,教师需要拥有出色的课程设计能力,能够有效地组织和指导学生进行自我驱动和团队合作的学习,并熟练掌握和运用各种多媒体教学工具。另外,翻转课堂的教学模式对于教师在网络教学和教学资源开发方面提出了更为严格的标准。教育工作者需要持续地进行探索和研究，更有效地运用网络平台进行教学，以及如何开发和整合适应学生自主学习需求的教学资源。作为学习过程中的指导者，教师应当拥有敏感的观察能力和高度的职业热情，能够识别学生面临的学习难题，并在需要时为他们提供必要的指导和支持。因此，为了满足信息化时代教育和教学的新标准，教师必须具备强烈的自我进步意识和不断完善的驱动力。此外，教师还应具备开放的思维，勇于探索新的教学技巧和方法，以实现教学观念和方法的革新，满足翻转课堂和信息化时代的教育教学需求。

第三节　慕课教学模式

一、慕课教学模式概述

(一)慕课的定义

慕课，即"大规模开放在线课程"（massive open online course），源自2008年加拿大埃德蒙顿大学的一次尝试，随后在2012年，由美国的哈佛大学、斯坦福大学等知名高校推广使用，此后逐渐在全球范围内流行起来。慕课是一种新型的教育模式，它突破了传统课堂教学中空间和时间的限制，使得学习可以在任何时间、任何地点进行，它摒弃了以教师为中心的传统教学模式，鼓励学生自主学习，也为教师与学生之间的交流提供了更多的可能性。慕课以网络技术为平台，将教学资源开放给全世界的学习者，每个学习者都可以根据自己的学习进度和需要自主选择学习内容，同时可以通过网络与他人交流学习经验，共享学习资源。慕课既可以作为正规教育的补充，也可以作为终身教育的资源库，是当前教育改革的重要方向之一。

(二)慕课的特征

1. 开放性
开放性是慕课的核心特征之一。首先，慕课开放了教育资源的获取渠道,使得全球的学习者可以随时随地接触和获取到高质量的教育内容,不再局限于传统的教室和学校。学习者的时间和地域限制得到了显著的放宽,使得更多的人有机会接触到优质的学习资源,无论他们身处何地,无论他们身在何时。其次,慕课提供了教育参与的机会,没有严格的入学门槛,所有愿意学习的人都可以注册参与,慕课将知识的积累和传播从封闭的教室打开到了开放的网络世界。此外,开放性也体现在慕课的教学进程上,学生可以自由地选择自己的学习节奏和进度,根据自己的需求和能力制定个性化的学习路径。这种开放的学习环境鼓励学习者更为主动地参与学习,尽情享受知识的海洋,发挥他们的主观能动性,真正做到因材施教,让每一个学习者都能够在这个开放的学习环境中找到适合自己的学习方式。

2. 规模化

慕课的另一个突出特点是其规模化。由于物理空间和时间的局限性,传统的面对面教学方法限制了一门课程的学生人数。然而,慕课突破了这一界限,允许数以万计的学生在同一时间在线上学习相同的课程。在慕课的环境下,教育者们有能力通过互联网手段,将他们精心策划和记录的教学材料分享给全球的学生,从而达到了真正的大规模教学效果。这一大规模的教学模式不仅有助于提升教育资源的使用效率,还能为更多的学习者创造高质量的学习环境。与此同时,规模的扩大也对教育质量的评价方法产生了影响。在传统的教学模式中,评估教学质量通常依赖于教师的专业能力和教学经验。然而,在大规模的在线课程中,教学质量的评价更多的是基于课程设计和教学资源的质量,这为提升教育质量开辟了全新的途径。除了上述内容外,大规模的应用还产生了大量的学习数据。利用大数据技术,我们可以深入挖掘和分析这些数据,从而更好地研究学生的学习行为和效果,为个性化的教学方法和教育改革提供坚实的数据基础。因此,规模化不只是慕课的显著特征,它同样是推动教育创新的关键动力。

3. 互动性

在慕课教学中，教师与学生、学生与学生之间的互动都得以大幅度提升，进而推动了学习的深度和广度。其一，通过在线论坛、实时聊天等工具，学生可以直接与教师交流，解答疑惑，这大大提高了教学效果，也让教师更好地了解学生的学习情况。其二，慕课提供的各类协作工具使得学生间的互动成为可能，他们可以在平台上共享学习资源、讨论学术问题，直至合作完成项目，从而培养团队合作能力，并在交流中获得新的启发和认识。其三，系统的自动化反馈机制，如在线测验和作业批改，也可以为学生提供即时反馈，帮助他们了解自己的学习进度和存在的问题。这种互动性不仅增加了学生学习的趣味性，更重要的是，它帮助构建了一个开放而丰富的学习环境，使得学习不再是孤独的过程，而是在与他人的互动中不断发展和深化的过程。

4. 社区化

在传统的课堂环境中，学生之间的互动通常局限于一个有限的范围，但在慕课的环境中，全球的学生都有可能聚集在同一个课程上，他们通过网络技术在空间上无限接近，形成一个巨大的、具有共享目标的学习社区。这个社区让每一个参与者都能够享受到与全球各地的学生交流学习心得，分享经验，解决问题，合作完成任务的乐趣，更能充分调动学生的学习积极性，促进深层次学习的发生。在这个开放的社区中，学生可以自主地选择感兴趣的主题进行深入研究，也可以主动发起讨论，吸引其他学生的参与。在这个过程中，他们不仅可以从他人的观点和经验中获取新的知识和灵感，也能在与他人的互动中提高自己的沟通能力和团队合作能力。

5. 自主性

自主性是慕课的核心特质之一，它赋予学习者在学习过程中的主导权，使得他们可以根据自身的学习节奏、兴趣以及已有的知识水平制订个性化的学习计划。慕课的自主性表现在学习时间、学习节奏、学习路径等多个方面。

在慕课的学习环境中,学习者可以根据自身的时间和学习需求来安排学习时间,这意味着他们可以在任何时间、任何地点进行学习,消除了地域和时间的限制。此外,学习者也可以根据自身的学习速度和掌握程度来调整学习节奏,重复观看难以理解的部分,或者跳过已经掌握的内容,确保了学习的效率。此外,每个学习者可以根据自身的学习需求和兴趣选择自己的学习路径,他们可以自由选择课程,深入研究感兴趣的主题,同时也可以根据自身的知识结构来选择学习的内容和顺序,形成个性化的学习路径。

自主性的学习方式充分尊重了学习者的主体性,使得学习更为高效和有趣,提升了学习者的学习动机和学习兴趣。同时,这种自主性的学习方式也有助于培养学习者的自我学习能力和创新能力,更符合现代社会对个体的多元化和个性化需求。

二、会计教学中引入慕课的必要性

(一)时代发展的需要

在 21 世纪的信息化时代,互联网已经逐渐渗透到生活的各个方面,教育领域也不例外。信息技术的快速发展已经对教育模式产生了深远的影响。随着网络技术的广泛应用,线上学习已经成为一种趋势。越来越多的学习者选择在线平台进行学习,以满足其灵活、便捷、个性化的学习需求。在这样的大环境下,传统的会计教学模式面临着巨大的挑战。一方面,信息时代的学生拥有更广阔的知识来源,他们期望的是能够随时随地进行学习,而不是受限于课堂的时间和地点;另一方面,传统的教学模式往往过于强调知识的传授,而忽视了学生的参与和实践,这往往导致学生的学习兴趣和动力不足。引入慕课的教学模式,可以很好地应对上述挑战。通过慕课,学生可以自主选择学习的时间和地点,这样既可以满足他们灵活学习的需求,也可以让他们更好地调整学习节奏,提高学习效率。同时,慕课的教学模式强调学生的参与和实践,学生可以通过完成课程的在线测验、参与论坛讨论等方式,提高自己的实践能力和交流能力,从而提高学习的深度和广度。

(二)教学改革的必然要求

面临经济全球化发展与科技进步,教学改革早已成为教育行业亟待解决的重大问题。在这一背景下,慕课的出现并迅速盛行,正是教学改革的必然要求和体现。慕课对传统的教学模式提出了挑战,同时也为教学改革提供了新的可能性。

适应和满足现代社会需求是教学改革所追求的目标之一。随着信息社会的不断进步,人们对于教育的需求已经从单纯的知识积累转向了技能的培训和持续的学习。在会计专业的教学过程中,我们不应仅仅局限于专业知识的传授,更应重视培养学生的核心技能,如批判性思维、问题解决能力和团队合作精神等。慕课作为一种创新的教育方式,其核心是培养学生的特定技能。特别是通过在线测试、论坛讨论等多种互动方式,它鼓励学生积极参与,点燃他们的学习热情,并增强他们的问题解决技巧和创新思维。提高教学的效率和成效是教学改革追求的另一大目标。传统的教育方式往往以教师为核心,导致学生在学习过程中受到被动的指导,这种方式在某种程度上限制了学生的学习深度和范围。慕课采用了一种新的教学模式,该模式通过提供灵活的学习时间、多样的学习资源以及个性化的学习途径,显著地提升了学习效率和成效。教育改革也致力于确保教育过程的公正性。由于地域和资源等多重因素的制约,传统的教育方式常常难以公平地分配教育资源。慕课利用互联网技术,打破了时间和空间的限制,让每个人都能在任何地方获得高质量的教育资源,从而实现了教育的公平性和开放性。

(三)符合会计学自然发展的需要

引入慕课的教学模式,符合会计学自然发展的需要,这是因为会计学作为一门实践性强、更新速度快的学科,既需要定期更新教学内容,以保持与实际业务的同步性,又要鼓励学生通过实践来学习和理解会计知识。在这一背景下,慕课可以为会计学提供重要的支持。

会计实践要求学生能够将理论知识应用到实践中,而慕课可以通过模拟实际业务,提供真实的案例分析,使学生在学习过程中能够对会计知识有更深入的理解和应用。另外,慕课提供了高度的灵活性和自主性,这使得学生能够根据自己的学习进度和理解水平,自主选择学习的内容和时间,从而更好地适应会计学习的实际需求。由于会计信息更新迅速,教学内容需要能够迅速地反映出会计业务的最新动态。慕课的线性特性使得教材的更新过程变得更加简洁和迅速。教师有权在任何时候上传最新的会计条例和实例,而学生也能在任何时候获得最新的学习资料。这种方式不仅确保了学生学习的即时性,同时也让学生能够迅速适应会计业务的各种变动。另外,会计学的进步亦依赖于沟通与探讨。慕课的互动性和社区化的特点,不仅为学生提供了一个丰富的交流场所,激发了他们之间的讨论与分享,还使得教师与学生的互动变得更加频繁和深入。这样做不仅能激发学生对学习的热情,还有助于提升他们的学习成效。

三、会计教学中引入慕课的基本方法

(一)选择合适的慕课平台

在慕课引入到会计教学的过程中,选择合适的慕课平台是基础。合适的慕课平台能够提供良好的教学环境,有利于教学资源的整合和教学活动的开展。慕课平台的选择应考虑以下几个方面。

首先,平台的稳定性是基本要求,可以确保教学活动的正常进行。如果平台频繁出现故障,会影响教学质量,对学生和教师都是一种困扰。

其次,平台的功能性也是需要考虑的因素,优质的慕课平台不仅应提供基本的视频上传和播放功能,还应提供课程管理、在线讨论、自动评测等多种功能,以支持多元化的教学活动。

再次,在选择慕课平台时,还需要考虑平台的用户体验。优秀的慕课平台应具有友好的用户界面和良好的易用性,可以帮助教师和学生节省时间,提高学习效率。

最后,平台的开放性也是一个需要关注的点,开放的平台能够充分利用网络的优势,实现资源的共享和互动学习。

(二)课程内容的设计和优化

在会计教学中引入慕课后,课程内容的设计和优化变得至关重要。由于慕课是线上学习模式,它的特点决定了课程内容不能简单地复制传统课堂的教学方式和内容,需要重新进行设计和优化。

课程内容设计首先需要考虑课程的目标。根据不同的学习阶段和学习者的需求,设置不同的学习目标,然后以这些目标为指导,设计和优化课程内容。同时,教学内容要有明确的逻辑线索,方便学生理解和掌握。

在内容设计过程中,教师需要充分利用多媒体的优势,以图文并茂、形象生动的方式展示复杂的会计知识,提高学生的学习兴趣和效果。同时,教师还可以通过慕课平台提供的互动工具,设计一些与课程内容相关的互动环节,增强学生的学习体验和参与感。课程内容的优化则需要根据学生的反馈和学习效果进行。教师可以通过慕课平台的数据分析功能,了解学生对课程内容的接受程度,及时调整和优化课程内容。这一过程可能需要多次,教师需要有耐心和恒心,持续优化课程内容,以提高教学质量。

(三)改革教学方法

1. 案例教学法

在慕课的教学过程中,采用案例教学方法可以有效地激发学生的学习热情和主动性,同时也有助于培养他们在实际操作、逻辑推理和问题解决方面的能力。通过案例教学法,学生从被动地吸收知识转向了主动地探索问题,从而增强了他们的学习积极性和主动性。以会计学为背景,教育者可以构建一些实际应用的实例,如企业的财务报告分析、税务规划或审计实例等。这批案例不仅具有很高的实际操作价值,还非常实用,有助于学生更好地理解和掌握会计理论在实际操作场景中的应用。在设计案例的过程中,教师必须充分考虑学生的知识水平和理解能力,尽量选择与学生的生活和实际情况紧密相关的案例,这样学生在解决问题的过程中不仅能够理解和掌握会计知识,还能提高自己的思考能力。教师在教学过程中也应遵循循序渐进的教学原则,逐渐增加案例的复杂性和难度,防止学生在面对更为困难的案例时感到困惑和挫败。

2.模块化教学

模块化教学在慕课中发挥着显著的作用。将复杂的会计教学内容划分为多个模块,既可以使学生更清晰地理解各个部分的内容,又可以有效地进行教学评估和课程优化。每个模块都可以视为一个独立的学习单元,包含了特定的学习目标和相关的学习资源。在会计教学中,可以将一门课程划分为"会计基础知识""财务报表分析""成本管理""税务筹划"等多个模块,这些模块依次展开,形成一个完整的学习流程。

通过模块化教学,学生可以根据自己的学习进度和理解程度,选择自己感兴趣的模块进行学习。教师在教学过程中,可以针对每个模块设置明确的学习目标,制订合理的学习计划,确定有效的学习策略,对学习效果进行评估,实现教学目标的有效达成。

3.课堂模拟情境法

课堂模拟情境法是一种让学生通过模拟真实世界环境中的场景,提高他们的学习和实践能力的有效方法。教师可以通过创建虚拟的公司环境,让学生模拟完成一系列的会计任务,如资产负债表的编制、利润表的分析等。这样可以让学生在模拟的情境中,从理论到实践全面理解会计知识,而不仅仅是通过文字或者讲解的方式理解知识。

课堂模拟情境法可以将抽象的会计知识具体化,可以让学生在模拟的过程中,融会贯通会计的各种规则和制度。同时,课堂模拟情境法也能让学生在模拟实践中,培养他们的问题解决能力,从而更好地适应未来的工作环境。此外,课堂模拟情境法还能够增强学生的学习兴趣,提高学生的学习效率。因为课堂模拟情境法可以让学生有身临其境的感觉,使得学生能够更好地参与到学习中,更深入地理解会计知识。

(四)设计测验环节,创新考核方式

精心设计一些练习、测验,促进学生对知识的掌握,是慕课教学的核心教学理念之一。测验内容可以分为小单元测试和期末考试两种类型。小单元测试的目的是了解学生对章节知识和技能的掌握程度;期末考试

则是要测试学生对整个课程的知识和技能的掌握程度。一般做法是在汇总所有小单元测试题目的基础上,附加一些难度高的题目。慕课课程测试时,学生用随机生成的试卷进行测试。测验允许学生尝试 3～5 次,从中取最佳成绩作为有效成绩,这在一定程度上提高了学生的学习兴趣和自信心。

在当前阶段,会计教育正在经历持续的改革,这也意味着我们需要在考核和评价方法上进行一定程度的革新。值得强调的是,我们不仅需要在教学方法上进行创新,同时在教学内容上也要有所创新。尽管如此,目前仍有一些高等教育机构在会计课程中采用评估学生出勤率的方法,这种方式过于简化和单调,不能真实地衡量学生的学习效果。因此,为了全面评估学生在多个方面的表现,包括任务完成的进度、对课程的掌握程度、自主学习能力、学习态度以及心理状态等,教师需要采用创新和个性化的考核方案。从事财务和会计工作的人员的心理承受能力在很大程度上会影响他们的工作能力。如果他们不能具备良好的心理承受能力,那么在数据统计、数据分析、财务做账等环节,他们很可能会产生畏难情绪。因此,在进行会计教育时,教育者需要特别重视培养学生的心理承受能力,通过在线课程为学生提供心理辅导资源,以减轻学生的紧张情绪,并帮助那些心理状态较差的学生及时调整他们的情绪。对于那些在考试中表现不佳的学生,我们还可以为他们提供额外的补考机会,这种更加人性化的评估方法受到了学生们的喜爱。

(五)建立反馈机制和评价系统

反馈机制和评价系统的作用在于,可以让教师及时了解学生的学习进度、理解程度以及学习难点,从而实现对教学活动的精细化管理和个性化教学。

在反馈机制方面,教师可以利用慕课平台的各种功能,如设定一系列的学习任务、在线测试和互动讨论等,激励学生更加积极地参与,通过观察学生的完成情况和参与度来了解他们的学习状况。教师在教学过程中,不仅要对学生提出的问题和建议给予积极的回应,还需要及时地解决和调整他们的教学方法,从而建立一个健康的师生互动环境,并进一步提高教学成效。在评价系统中,除了常规的考试成绩评价外,还应考虑慕课的特性,包括课程的完成度、在线讨论的质量和互动参与度等多个维度的评价指标,这样可以更全面、更真实地反映学生的学习效果。更具体地说,我们可以为课程制定明确的学习路径,确保每一个学习环节都有对应的学习成果和评估标准,这将帮助学生明确自己的学习进度和需要改进的部分。

慕课平台自带的数据分析工具能够帮助教师跟踪学生的学习行为,生成可视化的学习报告,有助于教师实时掌握学生的学习情况,进行有针对性的教学调整。

(六)开展慕课与传统教学的混合模式

开展慕课与传统教学的混合模式是一个高效、灵活且具有广泛适应性的教学方式。这种模式将传统的面对面课堂教学与现代化的在线教学有机结合,充分利用各自的优势,旨在提高教学效果并加强学生的学习体验。

一方面,慕课的引入可以为传统教学带来全新的教学资源和教学方法,如丰富的多媒体素材、便捷的在线测试、灵活的自我学习时间等,有助于激发学生的学习兴趣,提高他们的自我学习能力。另一方面,传统的面对面教学模式在师生互动、问题解答、实践操作等方面有着不可替代的优势,能够更好地满足学生的个性化学习需求。在具体实施过程中,慕课与传统教学的混合模式通常是在慕课的基础上,结合教师的实际教学情况和学生的学习需求,灵活地进行教学活动的设计和安排。例如,教师可以将部分知识点通过慕课的方式进行讲解,并留出一些自学时间供学生自主学习;在面对面的课堂上,教师则可以重点解答学生在自学过程中遇到的问题,进行深入的讨论和实践操作。

此外,慕课与传统教学的混合模式还可以更好地适应不同学生的学习速度和学习方式。慕课的自主学习模式可以使学生根据自己的学习节奏和兴趣选择学习内容,而面对面的教学则可以及时调整教学进度,满足学生的不同需求。

第四节　微课教学模式

一、微课的概念及特点

(一)微课的概念

微课,简单地说,就是一个小型的、具有一定完整性的教学模块。微课源于微学习的理念,它们都强调在短时间内获取和消化知识。微课通常以视频形式呈现,时长在 5～20 分钟,具有目标明确、内容紧凑、形式生动的特点。它们大多以特定的学习目标为导向,尽可能用最简洁、直接的方式传递知识。

(二)微课的特点

与传统教学模式相比,微课具有以下特点。第一,精练。微课的一个显著特点就是它的精练性,每个微课的内容都应精选和浓缩,去粗取精,仅保留最关键的知识点,以保证学生在有限的时间内获得最大的学习效益。第二,目标明确。每一个微课都应设定明确的学习目标,使得学生在学习前就清楚自己需要达成的目标是什么,学习过程中应该关注的重点在哪里。第三,自主性。微课允许学生根据自己的进度和需要自主学习,既可以自主选择学习内容,也可以自由控制学习的节奏和时间。这样可以最大限度地满足学生的个性化学习需求,激发学生的学习积极性。第四,多元化。微课的呈现形式多样,可以是教师讲解、动画演示、模拟操作、实地采访等,这样可以增加学生的学习兴趣,提高知识的吸收效率。第五,互动性。尽管微课主要以视频形式呈现,但它并不仅仅是一种单向的知识传播方式。很多微课平台设有评论区、问答区等交流平台,使得学生可以随时向教师或其他学生提问、讨论,从而实现教学的双向交互。第六,普及性强。由于微课的短小精悍,它可以通过互联网快速、方便地传播,因此具有很强的普及性。无论是在学校、企业,还是在家庭、社区,都可以应用微课进行教学或学习。

二、微课的分类

微课是一个总体的类型称谓,其有不同的展现形式,适用于不同的会计教学内容,具体可以将微课分为以下四种类型。

(一)PPT 型微课

PPT 型微课是当前阶段会计教师较为青睐的展示方式之一,也是制作难度较低、应用最广泛的一种形式。这种类型的微课主要是通过 PPT 等软件进行制作,然后通过屏幕录制软件进行录制,以形成最终的视频教程。

PPT 型微课的主要特点是结构清晰,内容呈现方式直观。每一个幻灯片都是一个小模块,教师可以通过设计不同的幻灯片,将教学内容进行合理地分解和组织,使得整个教学过程具有很好的逻辑性和连续性。同时,通过 PPT 的各种设计功能,如动画效果、超链接等,可以使教学内容更加生动有趣,增强学生的学习兴趣。另外,PPT 型微课的制作过程比较简单,教师无须掌握复杂的视频制作技术,只需要掌握 PPT 等基本软件的使用方法,就可以进行微课的制作。这使得 PPT 型微课非常适合教师进行个人或小规模的教学活动。然而,PPT 型微课也存在一些局限性。例如,PPT 的展示形式比较单一,难以实现复杂的动态演示或模拟操作。而且,由于 PPT 型微课主要以文字和图片为主,可能无法满足某些需要音频、视频或互动元素的教学需求。因此,在选择使用 PPT 型微课时,教师需要根据教学内容和目标进行合理的选择与设计。

(二)拍摄型微课

拍摄型微课主要通过录制实际操作过程或实地拍摄的方式进行制作,这种方式强调实物、实人、实景,以及更接近于现实的教学情境,因此,在某些需要展示具体操作步骤或直观展示某些现象的教学中具有独特的优势。

拍摄型微课的独特之处在于它的真实性与生动性。对于那些需要通过实物、真实人物或真实场景来观察的教学内容,如实验操作和现场考察等,我们可以采用实际拍摄的方法来直观地向学生展示这些内容,这样可以让学生有一种身临其境的学习体验,从而有效地提高他们的学习兴趣和学习效果。在高等教育机构的会计课程中,拍摄型微课更能满足操作类知识的展示需求,如展示会计账簿的种类、凭证的装订方式,以及原始凭证的分类和整理等方面。通过使用拍摄型微课,我们可以更直观地记录记账凭证的分类、资产负债表的制定以及结账的相关知识。此外,通过制作教师讲解的视频内容,拍摄型微课能够提升教学过程中的互动性和个性化特点。为了与学生建立更紧密的联系并增强教学的吸引力,教师可以采用自我介绍、详细解释课程内容以及回答常见疑问等多种方法。然而,制作拍摄型微课的难度和成本都相对较高,这需要教师掌握一定的拍摄和剪辑技术,同时也需要有适当的设备和场地进行拍摄。因此,在开发拍摄型微课的过程中,必须根据具体的实际需求来进行合理的规划和设计,以确保微课在教学效果和制作成本之间达到平衡。

(三)动画型微课

动画型微课是一种借助动画技术制作的微课类型,通过生动有趣的动画形式展示教学内容。这类微课不仅可以丰富教学手段,而且可以增加教学的趣味性,使得理论知识变得形象直观,对于抽象的概念和理论能以生动的动画形象展现,使学生更易于理解和记忆。在会计教学中,动画型微课尤其适用于介绍会计处理程序、资金运用等内容,通过动画的形式,能够清晰地展示资金流动和会计处理的过程,使得这些抽象的、枯燥的概念变得形象而生动。然而,动画型微课的制作需要教师具备一定的动画制作技巧,如 Animate 等动画制作软件的使用,这对教师的技术能力提出了一定的要求。但是,一旦制作成功,动画型微课无疑是最受学生欢迎的一种微课类型,因为它在传授知识的同时,也让学生在欢乐的学习过程中掌握知识,增强了学生的学习兴趣,提高了教学效果。

(四)录屏型微课

录屏型微课是一种高效且专业的微课方式,主要利用电脑软件实现课程内容的录制,并在后期进行必要的剪辑。这种类型的微课非常适合那些需要大量电脑操作的课程,如会计课程。教师可以将电脑屏幕上的操作实时录制下来,再配以语音解说,形成一种"看我如何做"的教学模式。这种模式可以让学生们看到每一个具体的操作步骤,有助于他们理解并学习相应的操作方法。例如,在报表编制、资金运动以及会计处理程序等课程中,录屏型微课可以展示实际的电脑操作过程,这样可以使得这些过程的讲解变得更为直观和明了。虽然录屏型微课的制作需要一定的技术技巧,但只要掌握了相关的录制和剪辑技术,教师就可以自行制作出高质量的录屏型微课,有效地提升教学质量和效率。

三、会计教学中引入微课的意义

(一)有利于演示教学和情境教学的结合

借助微课,教师利用现代网络技术将教学内容展现在屏幕上,有利于演示教学和情境教学的结合。这种教学模式可以展现多种会计教学内容,如会计报表、会计账簿、会计凭证等,借助声音、图像、图形的刺激,能够帮助学生激发其学习欲望。除此之外,借助微课,教师可以模拟真实的工作场景,给予学生较强的真实体验感,让他们有身临其境的感觉。例如,在微课的制作过程中,教师可以插入一小段视频,主要内容是介绍企业的一套会计处理流程。另外,随着 AR 技术、VR 技术的渗透,学生也可以通过模拟不同的会计类岗位来完成申报纳税等基础工作。在高新技术飞速发展的今天,微课完美地融入了声音、图像、文字、图形、动画等多样化的内容,营造了一个融合式的交互型学习环境,促进了传统会计教学模式的优化。

(二)有利于调动学生积极性,实现个性化教学

微课凭借其鲜明的形象和高度的互动性,有效地激发了学生的学习热情。当学生们观赏微课的时候,他们感觉就像是在观赏一部令人眼前一亮的电影,这使得学习变得更加愉悦,并极大地激发了他们的学习热情。每位学生都有其独特的学习节奏,但传统的教育方法常常忽视了这

一点,这导致许多学生无法跟上或超出教学节奏,进而对学习失去了热情。微课是一个非常有效的解决方案,学生可以根据自己的学习节奏来选择适合自己的微课,使得学习变得更加个性化。微课因其简洁高效的特点,为学生提供了在零碎时间内学习的机会,从而最大化地利用了他们的学习时间。教师有能力根据学生的反馈来适时地调整教学内容,以便更好地满足学生的实际需求。微课采用了一种互动性强的教学模式,以激励学生积极地参与到学习活动中,从而达到了个性化教学的目的。

(三)有利于学生提升自主学习能力

微课作为一种开放性的教学模式,极大地促进了学生的自主学习能力。学生有权根据个人的学习需求和时间安排,自主选择微课作为学习方式,这种方式不受时间和地点的束缚,从而增强了学习的灵活性和自由度。微课的独立性不仅体现在对学习时间和地点的自主选择上,更重要的是在学习内容和学习节奏的个性化选择方面。学生有权根据自己的认知水平来决定学习的速度,可以选择加强或减少对特定知识点的学习深度,从而让学习过程更加具有个性。更为关键的是,微课的教学方法鼓励学生更加主动地参与学习过程,而非仅仅是被动地吸收知识,这样的学习模式对于培养学生的独立学习和自我成长能力是非常有益的。学生们有机会通过观赏微课来深入理解和掌握所学知识,接着进行深入的思考和实际操作,从而进一步加深对知识的理解并构建自己的知识结构。微课所提供的多样化的交互环境,同样是培育学生独立学习技巧的关键手段。学生有机会通过线上与教师以及其他学生互动交流,提出各种疑问,分享自己的经验和感悟,从而实现自我提升。综合来看,微课的教学方式因其在灵活性、个性化和互动性等多个方面的显著优点,提高了学生的自主学习能力,并为会计专业人才的培养开辟了新的途径。

四、会计教学中引入微课的具体方法

(一)将微课引入会计教学的导入环节

在课堂教学中,导入部分起到了至关重要的作用。会计理论知识的学习较为枯燥,将微课引入会计教学的导入环节,可以增强导入的生动性,吸引学生的注意力,调动他们的学习积极性,使学生以良好的心态投入本节课的学习过程中。例如,在讲解"非货币性职工薪酬——自产产品"模块时,可以以每年大型企业的年终奖作为导入,播放某些公司发放员工福利的视频,随后抛出关联知识点让学生明白企业家发放自产产品作为职工福利的意义,从而进一步体会非货币性职工薪酬在实践中的应用。在教授"收入"这一模块时,可以用《守株待兔》这一广为人知的寓言故事作为导入,阐述本节课知识点,即农民通过日常劳作获得的农作物收入是其主营业务收入,处理变卖一些劳动用具获得的收入是其他业务收入,而通过守株得到的兔子则属于营业外收入。将微课引入课堂导入环节,通过生动有趣的内容,可以营造轻松愉悦的课堂氛围,激发学生的学习兴趣,深化学生的思考,为教学目标的实现奠定基础。

(二)以微课的形式展示会计教学重难点,突出教学主题

会计教学中存在许多难点,如会计准则的应用、会计报表的编制、税务计算等。微课可以在短时间内突出这些重难点并帮助学生更好地加以理解和掌握会计报表的编制。因此,以微课的形式展示会计教学重难点是非常有效的。

借助微课,教师可以把这些重难点细化、具体化,通过图文并茂、生动形象的方式呈现给学生。例如,对于会计报表编制这一难点,教师可以制作一节微课,用动态的形式展示编制过程,让学生能够看到每一步的操作和效果,从而理解并掌握会计报表的编制。此外,微课也可以突出教学主题,让学生在一开始就能清晰地知道这节课的主要内容,知道自己需要掌握哪些知识,提高学习效率。

(三)夯实知识,巩固复习

微课在会计教学中的巩固复习环节发挥了关键作用。为了进一步强化学生对知识的掌握,微课的引入变得至关重要。微课可以将需要巩固复习的知识点以思维导图的形式串联起来,这种形象化的表现方式不仅可以帮助学生构建起完整的知识体系,也有助于他们对各个知识点之间

的关联关系有深入的理解。同时,教师还可以通过制作微课视频,将需要重点复习的知识以生动、直观的方式展示给学生,使其对教学内容有更深的理解和记忆。此外,在课后复习环节,微课的便捷性使得学生可以随时随地进行学习,无论是通过手机还是电脑,学生都可以方便地观看微课,巩固课堂所学知识,这使得复习过程更为灵活和便捷。这种学习方式不仅满足了学生自主学习的要求,更是在潜移默化中培养了学生的自学能力。微课因此成为一个有效的学习工具,将教师和学生、课堂与家庭、学习与生活紧密地联系在一起,为提高会计教学效果做出了重要贡献。

五、会计教学中引入微课的注意事项

(一)明确教学目标

教学目标决定了教学内容、教学方法和教学手段的选择,只有明确了教学目标,才能精准地定位教学内容,选择合适的教学手段和方法。对于会计教学来说,教学目标不仅包括学生需要掌握的会计知识,还包括会计技能的学习,以及对会计规则的理解。同时,教学目标也应包含培养学生的独立思考能力、逻辑分析能力和团队合作能力。微课的设计和制作需要紧密围绕教学目标进行。制作微课时,教师需要明确每一个微课的教学目标,将这些目标转化为微课的教学内容,通过精心设计的微课,使学生能够通过学习微课,达到预设的学习目标。

(二)尊重学生的意见和建议,加强互动

在整个教育和教学过程中,学生始终是中心,他们的学习状况、需求和成果,都是教学活动中最重要的参考因素。微课作为一种创新的教育方式,凭借其生动、形象和多维的教学策略,成功吸引了众多学生的目光。而教育工作者则需通过收集和分析学生的反馈信息,适时地调整他们的教学方法,以实现教学效果的最大化。

在微课的制作过程中,教师应该积极地询问学生对微课的观点,了解学生对微课内容的理解程度、对微课的观看体验等方面的反馈,这样才能有针对性地改进教学方法和方式。另外,教师可以根据学生的学习特性

和习惯,灵活地设计教学内容,采用创新的教学方法,使学生在一个轻松愉快的环境中学习。此外,通过互动环节可以有效地激发学生的学习热情并提高他们的学习成果。在微课设计中,教师可以加入如问答和小测试这样的互动环节,这不仅能够点燃学生的学习热情,提高教学的吸引力,还能帮助教师实时掌握学生的学习进展,并对教学内容和策略做出适时的调整。

(三)教师要与时俱进,掌握高新技术

高新技术对教师的教学方法提出了新的挑战,同时也带来了更大的教学自由度。微课作为一种灵活、便捷的教学方式,使得教师可以根据教学内容和学生需求,进行个性化教学设计,如插入图像、动画、录音等多媒体素材,使得教学内容更加生动、具象,增强了学生的学习兴趣。因此,教师需要不断学习和尝试新的教学技术,提高自身的教学能力。同时,教师还需要了解和跟踪微课等高新技术的最新动态,如人工智能(AI)、虚拟现实(VR)、增强现实(AR)等技术在教育中的应用,以便及时引入教学,提升教学质量。例如,VR/AR技术可以帮助学生进行模拟实践,使学生能够更好地理解和掌握复杂的会计知识。

总之,在这个信息爆炸的时代,教师需要做到"眼观六路、耳听八方",不断丰富和更新自己的知识库,以便更好地应对教学中可能遇到的各种挑战。教师的教学能力、教学方法和教学工具都需要与时俱进,以满足现代教学的需求。此外,教师还需要培养和提高自己的创新能力,善于运用和整合各种资源,设计出更符合学生需求的教学内容和方式,以此提升教学效果和效率。

第三章　高职院校会计教学改革的资源支持

当前社会对于应用型人才的需求不断提升,专业的课程教学活动需要将培养学生的知识实践应用能力作为基本目标,学生的专业知识、操作技能、职业素养对于未来的社会就业都具有至关重要的作用。本章分为会计教学改革的政策资源支持、会计教学改革的新技术资源支持、会计教学改革的服务资源支持以及会计教学改革的信息资源支持四个部分。

第一节　会计教学改革的政策资源支持

一、新会计准则

目前,我国众多公司实施的是被称为"新会计准则"的《企业会计准则》,财政部于 2006 年 2 月颁发,从 2007 年 1 月 1 日起实行。32 项使用指南、41 项详细原则、1 个根本原则构成了"新会计准则"系统。2014 年 7 月,财政部更改了 4 项详细原则与根本原则,并新增加了 3 项详细原则。新会计准则对会计从业人员提出了新的要求,促使会计从业人员具备更好的职场决断能力,并大力培养会计从业人员在这方面的技能。新会计准则变革会计基本规则,对会计教育方式造成巨大的影响,因此,我们应变革会计教育方式,提升教育质量与效果,从而与新会计准则的需求相适应。

（一）对会计专业教师的影响

新会计准则为会计专业的教师在教育方法上设定了更为严格的标准。根据新会计标准,教育者需要不断刷新他们的会计教育理念,调整教学方法,并努力培养学生的独立创新和学习能力,确保学生能够自由成长,并增强他们处理实际问题的技巧。在教学活动中,为了实现预定的教学目标,教育工作者需要对其教学方法进行优化和改良。教师觉得新会计准则在实践教育中应用困难,主要是因为新会计准则具有较高的难度、新颖的概念和丰富的内容。这意味着会计专业的教师需要在教学方法上进行创新,采用各种教学策略和路径,以改变传统的单调教学方式,让学生真正成为课堂的中心,充分激发他们的学习热情和兴趣,使他们对会计知识产生浓厚的兴趣。教师应当依据创新的教育模式,为学生构建一个有助于自我成长的环境。教师应当根据新会计标准的内容,帮助学生塑造自己的职业理念。

(二)对学生动手能力的影响

会计专业人员需要经过长时间的实习才能具备职场决策能力,但是学生的实习技能在当前的会计专业教育中没有得到锻炼,因为传统教育重视理论知识的传授,学生很难将会计电算化和手工模拟实习结合起来。另外,学生在实际会计操作中很难掌握真正的专业知识,这是因为会计实践教学过分强调形式,导致学生很难真正理解和掌握会计实践知识,从而实习效果未能达到预期。如果我们仍然沿用过去的传统会计教育方式,学生在职场上的决策能力和应对策略将会受到限制,这也意味着他们很难满足新会计准则的标准。面对此种状况,会计专业的教师需要为学生创造一个民主、和谐的学习氛围,充分激发学生的主动性,拓展他们的思维,将实际操作与理论知识相结合,确保所学知识能够实际应用于日常生活中,并培养他们的实践和思考能力。

(三)对学生专业素养的培养

会计从业人员具备职场决断能力是新会计准则的要求,在会计专业教育过程中这点很重要,同时会计从业人员的行业思想与专业素质也很重要。所谓会计行业思想,即会计行业关联的行业活动规定与原则。但是就目前会计专业教师教育的过程及教育的状况来看,并不重视培养学生的专业素质。

所以,教师应该把原本的传输式教育方式转变为多样化的创造性教育方式,培养学生形成自觉学习的意识,指导学生树立正确的世界观、人生观和价值观,推动学生全方位、多层面的发展,尊重学生的个性,把他们培养成创新型人才。在培养学生专业素养时,教师要鼓励学生发表不同的观点,培养学生的创新精神,使之与新会计准则对会计从业人员的需求相适应。

二、新会计准则下教学方法改进对策

(一)改进教学方法

牢固的会计专业知识是培养学生职场决断能力的前提,所以教师应使专业知识内容更丰富。在丰富专业知识内容的过程中,教师更应重视培养学生的综合素养与全面才能,还应该讲授金融、经济、管理等方面的知识,拓宽学生的眼界,使学生实际处理会计事务的能力得到提高。教师应变革单纯灌输式的教育方式,多采用问题教学和引领教学,促进学生思想发展,提高学生创新能力与实际处理问题的能力。

(二)重视实践教学环节

会计从业人员巩固和提升职场决断能力需要处理大量会计事务。会计教育要提升学生的职场决断能力,就必须使学生获得大量的实践机会。所以,教师要在分阶段、分章节实行测验和技能考试的前提下,让学生出演会计单位中的工作者,通过岗位出演的方法加强学生对岗位职责的认知。学校可以和公司合作,让学生走进公司实习,使学生在实习过程中提升综合能力。

(三)重视专业素质教育

教师要注重学生的专业素养教育,特别是学生的工作思想和法律常识。专业知识是行业决断的必要前提,会计从业人员要想按照会计准则的要求去审阅、确定和计算会计数据以及为企业提供准确、真实的会计信息,就必须形成优秀的专业素养。

(四)树立学生的职业判断意识

会计专业教育的任务是把会计专业的学生培养成会计专业人才,使学生具备丰富的会计知识和优秀的职业素养。按此需求,教师应注意培养学生的职业判断意识,帮助学生了解会计未来的发展形势,使学生清楚会计职业判断带来的帮助。随着市场环境的变化,会计机制一定会因为市场的变化而发生变革。

第二节　会计教学改革的新技术资源支持

一、多媒体在会计专业课程教学中的运用

传统授课方式在现代会计专业课程教学中存在诸多局限和不足,针对这种情况,随着多媒体技术的发展,多媒体教学工具被广泛运用于课程教学中。而在会计专业的学习中,沙盘模拟是常用方法之一。此外,网络的不断发展,一些有利于会计学习的网站和软件也悄然兴起。实践表明,合理使用多媒体教学能够大幅提高教学效果。

(一)优势分析

①会计专业课程承载的信息呈现方式和处理方式多样化。多媒体能够完成在内容上相关联的多媒体信息的处理和传送,如声音、活动图像、文本、图形、动画等;多媒体能够高度集成这些元素,形成搭配合理、协调统一的教学资源,同时教师可灵活处理这些资源,根据教学需要调整教学内容。

②多媒体能够直观、生动地输出教学内容,更好地揭示会计知识内在的逻辑性,有利于会计知识的阐述,有利于吸引学生的注意力,便于学生理解,使学生观后印象更加深刻。此外,教师精心设计的优秀教学课件可有效降低课程的难度,深入浅出,化复杂为简单,化抽象为具体。

③多媒体特别适用于会计案例的讲解,是案例展示和讲解极好的辅助工具,相比传统的教学手段更加方便、简单,多媒体中的声音、动画等元素会使教师对会计案例的讲解更加形象、生动。

④多媒体以超文本结构组织教学信息,为学生提供多样灵活的认知

途径。多媒体能为教师的教学和学生的学习提供良好的导向。同时,师生利用多媒体系统还可方便地接入互联网,从资源平台获取相关知识。

⑤多媒体能够提供友好的交互界面,使学生积极参与认知过程,体现学生主体地位,激发学生的学习热情,是一种全面的、双向的、主动式的交互,这种交互十分有利于课程教学效果的提升。

⑥多媒体的共享性和复制性特征使优秀的教学资料能够共享和传输,为教师提供丰富的教学资源,也为学生拓展了获得学习资料的渠道。

⑦多媒体的产生为虚拟教学提供了基础条件。虚拟教学、虚拟图书馆等都需要使用大量的多媒体教学资源,真实课堂外的虚拟教学十分有利于会计专业学生的学习,是课堂教学之外的一种教学形态,有利于学生自学。

(二)提高多媒体教学质量的方法或对策

虽然多媒体是现代教学的重要辅助工具,但是如果教师不合理地使用多媒体工具,也会产生不良的教学后果,严重影响教学质量。教师在会计专业教学活动中运用多媒体,应注意采用恰当的教学方法,采取一定的对策,充分发挥多媒体在教学中的优势,克服其存在的不足。根据会计专业的实践经验,我们总结出以下方法或对策。

①充分展现教师的个人魅力。教师运用多媒体教学时,不能缺失肢体动作、脸部表情。有些教师利用 PPT 授课时,整堂课都安静地坐在讲台上,像机器人一样放映 PPT 课件,面无表情,学生听起来索然无味。PPT 课件只是一个辅助工具,教师不能完全依赖它。教师在教学过程中需伴有饱满的、丰富的动作表情,全方位刺激学生的视觉和听觉神经,充分展现教师的个人魅力。

②教师要加强与学生的互动,体现学生的主体性。利用多媒体进行教学能更有效地加强教师和学生之间的互动交流。然而,一些教师在使用多媒体进行教学时,仅仅将其视为"已经打印出来的课件稿件",只是坐在讲台上"埋头朗读课件",几乎没有与学生进行有效的互动,这导致大多数学生听起来缺乏活力和兴趣。教师在教学过程中应当避免仅仅向学生

传授知识,而更应强调学生在课堂中的核心地位,确保他们在课堂上都是积极的参与者,这就是"有呼有应,教学相融"的道理。

③教师要加强学生抽象、逻辑思维能力的培养。多媒体技术能够以直观的方式展示解决特定问题的全过程,这会让学生更容易理解,但也可能导致他们在面对抽象和逻辑问题时缺乏足够的思考能力。因此,教育者需要掌握多媒体教学的方法,并正确地指导学生对抽象的问题进行深入思考。当教师面对一些抽象或逻辑性的问题时,他们不应急于使用多媒体来直接提供解决方案或步骤;相反,他们应该利用多媒体工具,按照问题的提出、提示、引导和讨论的原则,逐步展示如何解决抽象问题,并培养学生的思考习惯。

④教师使用的课件不能背离教学目标和教学内容。教师不能一味追求课件外观上的漂亮,避免出现课件确实让学生眼前一亮、拍手叫好,但只是给学生视觉上的冲击,未能达到预定的教学目标,与教学内容相差甚远的情况。

⑤教师不能忽视会计理论和设计思想的教学。有些教师使用了多媒体后,就大量讲解实例、会计账目处理流程等,而忽视对相关会计理论的教学,没有讲清、讲透会计设计的思想,其结果是把学生培养成只会模仿操作的机器人,而失去了创造能力。

⑥学校应建立和健全多媒体电教系统、多媒体网络教学系统,实现教学工具的信息技术化,教学手段现代化。建立多媒体综合系统是拓展教学和学习渠道的一条有效途径,不但可以增加课堂教学的知识输出量,增加学生课外学习的机会,还能以新颖的视觉方式刺激学生大脑的兴奋点,从而大幅提高教学效率。如果条件允许,学校还应努力构建学生课外学习的平台,为其提供丰富优质的学习资源。

二、基于会计岗位特点的教学改革

(一)体现岗位分工原则

会计岗位涉及出纳、成本会计、销售会计、采购会计、财务主管、财务经理、财务总监等。一项经济业务的账务处理可能涉及多个岗位,教师可以分工设置角色,将企业工作中的经济业务的处理与课堂教学相结合,让学生体会不同的岗位对经济业务的处理过程。这种形式既能提高学生的实践能力,又能让其身临其境地体会会计岗位的职责,以及会计业务处理的整个过程,从而为学生日后走上工作岗位打下扎实的基础。

(二)根据教材特点重组教学内容

目前,"财务会计"的教材涉及会计要素的各个方面,带有"准则＋解释"的特点。教师在安排教学内容时,可以依据中小企业财务处理的基本情况,结合网中网软件的仿真操作,选择难易适当的内容进行教学。

(三)岗位体验中配合"财务会计"课程的仿真软件教学

由于企业财务数据具有保密性,学生要进入企业学习真实的账务处理不太现实。而在教师教学中,有的内容通过"讲解＋练习"的传统教学模式难有好的实践效果。在这种情况下,教师采用网中网仿真软件辅助教学,能取得事半功倍的效果。例如,针对报存货核算方法中的实际成本法核算,网中网教学软件的实训任务提供了如下案例:2015 年 4 月 16日,江宁电器有限公司采购商品一批,根据背景资料编制记账凭证。在该实训案例中,背景资料提供了商品的增值税专用发票、仓库的入库单,以及银行对账单和转账支票。在操作时,学生首先需要转换角色(有制单员、出纳、记账和会计主管等角色),按选定的角色进行实训。该实训任务选择制单员角色,进行记账凭证的填制。学生首先将凭证日期"2015 年 4月 16 日"填好,凭证字号"记字第 031"已有,然后在摘要处填入"购入商品",总账科目填列"库存商品""应交税费"和"银行存款",在对应明细科目分别填列商品名称"应交增值税(进项税额)"和"中国银行某某支行",金额分别填入借贷方,画斜线,填入合计金额,最后将付账单据写好,在制单处签章。通过该实训,学生可以切身体会到财务会计岗位的工作职责和工作内容。

第三节　会计教学改革的服务资源支持

一、会计专业教学与服务资源库的建设内容

会计专业教学与服务资源库是为会计教育者、学习者、社会会计人员和经济实体提供所需资源和服务的平台,会计专业教学与服务资源库的建设,能提升高校会计专业的人才培养质量和社会服务能力,帮助会计从业人员提高和更新技能,满足个人多样化学习和终身学习的需要,同时形成区域性职业教育教学资源库建设范例,带动全国职业教育教学资源库建设。2012 年 3 月 13 日,教育部颁发了《教育信息化十年发展规划(2011—2020 年)》(以下简称《规划》),提出我国力争到 2020 年超前部署覆盖城乡各级各类学校和教育机构的教育信息网络,《规划》对加快职业教育信息化建设、推动信息技术与高等教育深度融合、构建继续教育公共服务平台等教育信息化涉及的深层次问题做了详细阐释。《规划》在发展目标中提出,基本建成人人可享有优质教育资源的信息化学习环境,基本形成学习型社会的信息化支撑服务体系,教育管理信息化水平显著提高,信息技术与教育融合发展的水平显著提升等。建设会计专业教学与服务资源库,一方面可以提升高校会计专业的人才培养质量和社会服务能力,使全国会计专业学生受益;另一方面可以使会计从业人员提高和更新技能,为个人多样化学习和终身学习提供服务。会计专业教学与服务资源库的具体内容包括以下几个部分。

(一)专业背景

专业背景反映专业的整体情况,包括专业调研报告、职业岗位工作任务分析表、专业标准、专业课程体系、专业人才培养方案等内容。

(二)资源中心建设

资源中心建设包括一切可用于专业教育教学的物质条件、自然条件、社会条件以及媒体条件,是专业教学材料与信息的来源,分专业课程中

心、实训实验中心、技能认证中心、专业素材中心和服务交流中心。

1.专业课程中心

专业课程中心的建设要具体到每门专业课程的建设,专业课程包括"会计学原理""财经法规""初级会计实务"等考证课程以及服务于不同会计岗位的"出纳实务""成本会计""纳税会计"等岗位课程。课程建设主要包括以下要素:课程设计,课程标准,电子教材,电子教案,教学课件,配套习题,教学案例,授课视频,业务操作平台,具体业务的动画、视频演示。

2.实训实验中心

实训实验中心是为专业实训实验项目服务的,分设常规实训室、虚拟实训室和 ERP 电子沙盘实训室三个模块。

（1）常规实训室。

常规实训室以学校现有的各个实训室为单元进行建设,建设内容紧紧围绕实训项目内容及实训实验教学环节而展开,全面支持教师的教与学生的学,注重提高学生专业技能。常规实训室一方面为在校师生的实训实验教学提供网上服务平台,促进学生专业技能的提高;另一方面,面向社会开放,成为高技能人才培养基地,成为社会人员终身学习、可持续性学习的公共服务平台。常规实训室的建设包括以下要素:实训项目资料、实训测试题、实训室配套的仪器设备图片、仪器设备使用视频等。

（2）虚拟实训室。

虚拟实训室是一个 3D 虚拟实训系统,它涵盖了会计的职业场景、岗位配置、工作任务以及操作角色等多个方面。学生有权选择进入系统的不同职位,并根据工作流程来完成各种标准的工作任务。该实训教学系统融合了角色转换、上岗操作、业务路线选择和签章等多项功能,从而实现了职业认知、职业判断、业务处理、实务操作、评价反馈和教学管理等多方面的综合功能。虚拟实训室的构建涵盖了以下几个核心组成部分:虚拟实训项目、虚拟实训项目的操作指南、虚拟实训所需的素材、仿真练习系统以及使用指南等。

（3）ERP 电子沙盘实训室。

ERP 电子沙盘实训室是模拟企业实际运行状况，将企业整体战略、产品研发、生产、市场、销售、财务管理、团队协作等方面结合在一起，让学生体验完整的企业经营过程，感受企业发展的典型历程，感悟正确的经营思路和管理理念。

3. 技能认证中心

技能认证中心是为提高学生以及社会会计从业人员的专业技能服务的，包括技能过关、技能竞赛、技能证书三个模块。

（1）技能过关。

技能过关模块主要用于"分段式"职业基本技能训练和考核。其主要内容有"出纳技能过关""会计基本技能过关""岗位综合技能过关""真账操作过关"。每项技能需要建设的要素有技能介绍、技能要点、技能演示视频、技能评价标准、技能过关测试系统等。

（2）技能竞赛。

技能竞赛模块围绕各项专业技能竞赛建设，分设职业道德知识竞赛、点钞竞赛、账务处理技能竞赛、纳税实务知识竞赛、财务会计知识竞赛等项目，每项竞赛的建设要素包括赛制项目介绍、竞赛规则、竞赛工具图片及使用说明、竞赛题库、网上竞赛平台等。

（3）技能证书。

技能证书模块是为会计考证服务的，分助理会计师考试和会计师考试两个建设项目，每个项目的建设要素包括考试介绍、考试大纲、在线课堂、练习题库、模拟考场、考试热点信息等。

4. 专业素材中心

专业素材中心是为了增强专业学习的形象性和生动性，拓展专业知识汇集的原始材料而建设的资源中心分设图片库、文档库、视频库和动画库。

①图片库用一些形象的图片展示会计工作用品、用具，包括各式会计凭证、账簿、报表的图片、保险柜、点钞机、验钞机、算盘、计算器等财会用

具的图片。

②文档库是与会计职业相关的一系列文档,包括各种会计法律法规、规章的电子文档以及相关文献资料的电子文档。

③视频库以视频的形式生动展示会计工作的流程和方法,包括典型业务操作方法的视频演示。

④动画库以动画的形式展现各项会计工作程序,包括典型业务经办流程的动画演示。

5. 服务交流中心

服务交流中心分设会计信息公告、在线会计服务、财务管理咨询和财会论坛。

①会计信息公告负责公布最新的会计考试、会计培训、法规准则等通知,使用户及时获取相关信息,及时更新业务知识。

②在线会计服务通过在线传递会计信息,为企业提供网上会计业务处理与财务分析、网上纳税申报等服务。

③财务管理咨询为企业的财务管理提供咨询等服务,不断提高服务交流中心的专业服务能力。

④财会论坛是指建立一个网络交流平台,加强服务交流中心与校外、省外以及国外的信息交流和互利合作。

(三)应用平台建设

应用平台是用户登录资源库、获取所需信息的入口,登录后可以获取资源中心的各类资源,包括在校学生应用平台、专业教师应用平台、社会公众应用平台和中小企业应用平台。

在校学生应用平台主要面向在校的会计类学生,可供学生在线登录、进行实训练习、查询专业信息、参加专业技能培训等。

专业教师应用平台主要面对专业教师,可供教师在线登录、网络教学、在线答疑、获取课程建设资源等。

社会公众应用平台主要面向社会大众,可供其在线登录、会计技能培训、会计后续教育、信息查询、所得税计算、自主学习会计知识等。

中小企业应用平台主要面对社会中小企业,可供其在线登录、财务管理咨询、请求代理记账、纳税申报、纳税筹划等。

二、会计专业教学与服务资源库的建设要点

会计专业教学与服务资源库的建设旨在满足师生和社会的需要,实现这一建设目标需要抓好一些关键环节,包括前期准备、建设过程和后期维护。首先,我们要做好前期的调研和分析,这是资源库建设的重要前提,通过调研分析形成合理的资源库建设方案,明确具体建设内容。其次,我们要重点抓好资源中心的建设,包括专业课程中心、实训实验中心、技能认证中心、专业素材中心和服务交流中心。最后,资源库的后期更新和完善也是非常关键的,需要实时更新、不断完善,才能起到有效服务的作用。

三、会计专业教学与服务资源库的建设意义

在会计专业的教学和服务资源建设过程中,我们进行了深入的调查研究。这不仅满足了会计专业教师和学生的教学需求,也为区域职业教育的人才培养提供了更好的服务。同时,它也满足了社会会计从业者的多样化需求,允许他们查询会计相关的法律和专业知识,帮助他们完成继续教育和提高专业技能。此外,我们还特别为中小微企业提供服务,创建了中小企业平台,帮助他们解决财务问题,从而使资源库的建设更好地服务于区域经济。

第四节　会计教学改革的信息资源支持

一、改革会计专业的课程设置

现代信息技术的发展使教育逐步走向信息化、开放化、大众化,极大地拓展了教育的时空,为素质教育、创新教育提供了环境、条件和保障,也

为会计教学改革提供了良好的机遇。随着通信科技与计算机科技的快速进步,现代信息技术应用于会计专业教学,信息技术与会计课程教学的整合已成为当今会计教育发展的必然选择。

在现代信息技术条件下,数据共享、网络传输已成为信息管理的主要方式,而会计信息与生产信息、经营信息在很大程度上已融为一体,因此在设置会计课程时,学校必须考虑网络环境下处理会计信息的需要,研究探讨新的会计课程体系。会计专业课程的设置要尽可能与管理学、经济学和现代网络信息技术有机结合,会计教学中应增加与信息技术相关的课程,如"现代信息技术""网络环境会计核算与控制""管理信息系统""电子商务与会计"等课程,使学生在掌握传统会计核算原理的基础上,了解信息技术背景下的会计行业发展,具备应用信息技术处理会计信息的能力。

二、创新会计教学模式

随着教育信息化进程的加速,现代信息技术对传统会计教学方式产生了明显的冲击,使得传统的会计教学模式逐渐无法满足现代会计教育的多元需求。这意味着我们需要加速对会计教学方法的革新,利用先进的信息技术和创新的教学策略,将传统的沉浸式学习方式转变为团队合作的学习模式,让传统的课堂教学方式被新的个人探索方式所取代,以及让传统的教学内容被快速变化的最新内容所取代。

随着现代多媒体技术的进步,交互式的教学探索变得可行。交互探讨教学模式是一种教师运用计算机网络技术和会计教学软件来实现教师与学生之间双向交流的教学方法。举例来说,在会计信息化的实验室环境中,教师能够借助计算机网络的同步与双向传输特性来进行教学活动。

这种方式允许学生利用计算机向教师提问,而教师则可以在其主机上解答学生的疑问并为学生提供问题解决的指导;教师不仅可以为学生提供独立的指导,还可以为一群学生提供团体辅导;教师也有可能将学生的作业上传到互联网上,以供全体学生共同学习。综合来看,交互式教学的核心在于教与学之间的密切互动。如果学生仅仅是信息和知识的被动接收者,而不能积极地参与其中,那么这样的教学模式将会显得单调乏味,也无法实现预期的有效教学成果。

三、提高会计教学效果

教师应用计算机网络技术的教学平台系统、智能辅导系统开展教学,将带来教学手段的变革,大大提高教学效果。

(一)开发多媒体辅助教学系统

在传统的教学方式下,有许多会计问题因数据量过大、业务处理过程繁杂以及教学时间的限制,无法采用手工的方式在课堂上解决。因此,完整的会计实例教学往往流于形式,教学内容常常只是讲授会计原理。教师利用多媒体课件和会计教学软件等进行辅助教学,可以将传统教学方式下难以讲授的会计理论、会计方法和会计实务引入课堂,显著地提高教学效果,激发学生的学习兴趣和学习主动性。

(二)发展网络学习系统

教师可以通过网络系统为学生创建一个模拟的会计实验环境,使学生能够在局域网上进行信息检索、信息搜集和信息处理的实验。举例来说,教师有能力将某些商业会计软件集成到学校的局域网络中,并依据网站上的实验案例库提供的数据,指导学生进行账务处理、会计报表编制、财务分析、工资核算、固定资产核算以及存货系统核算等多种会计实验操作。学生在完成实验后,需要将实验的财务数据返回到实验作业库,并由教师进行相应的评估。因此,学生可以通过会计实验软件系统进行多次实习,这不仅可以加深对会计核算基本原理的理解,还可以亲身体验会计核算方法的具体应用和会计数据处理的整个过程;从另一个角度来看,学生有能力在计算机网络的环境下完成教师分配的会计核算任务,将他们所掌握的会计理论知识与实际会计操作紧密结合,从而培养他们的会计专业技能。

四、加强学生能力的培养

学校应使学生适应现代信息技术的要求,加强学生能力的培养,具体包括以下几个方面的内容。

(一)学生信息技术应用能力的培养

现代社会步入网络经济时代,越来越多的企事业单位正在逐步构建内部管理信息系统,而会计信息系统又是管理信息系统中的一个核心子系统。这就要求所培养的会计专业人才应该具备熟练地应用计算机网络技术的能力。所以,教师应该加强计算机网络知识的教学,开设更多的计算机应用、电脑网络使用、维护、设计等相关课程,丰富学生的计算机网络知识,提高学生的信息技术应用能力。

(二)学生信息检索能力的培养

在这个网络信息化的时代,尽管海量的信息为人们提供了极大的便利,但同时也引发了如信息过多、信息不平衡和信息安全等多个问题。在众多的信息中,如何迅速地挖掘出有价值的信息,将是未来会计领域专家所需的核心技巧。

因此,在信息技术逐渐普及的背景下,高等教育不仅需要加强学生的信息意识,还应注重培养他们的信息获取能力。这样,学生就能利用各种网络数据库、光盘数据库和图书馆的信息资源,有效地获取本学科领域内的相关信息,以及社会生产所需的各种信息。这意味着教师需要向学生传授包括现代信息检索技术、数据库管理和信息分析技术在内的数据挖掘和发现的各种技能和方法,以提升学生的信息检索能力。

(三)学生自我学习能力的培养

在知识爆炸的时代,新的知识不断涌现,新型会计专业人才必须具备不断更新自我知识的能力。国际注册职业会计师协会已经把通过互联网进行的在线教育列为注册会计师后续教学的主要手段。"终身教育""自我教育"已不再是一句空话,而是会计专业人才适应社会需求、自我提高的基本手段。因此,现行的会计教学必须兼顾传播知识技能和培养学生自学能力的双重任务,使学生逐步适应网络时代最为广泛的"在线教育"模式,让学生具备利用网络更新知识、实现自我教育的能力。

(四)学生创新能力的培养

教师要在教学活动中培养学生的创新能力就要充分尊重学生的主体地位,发挥学生在学习过程中的自觉性、自主性和创造性,不断增强学生的主体意识和创造能力,最终将学生培养成为能够进行自我教育的社会主体。学校对会计专业的学生进行创造性教育,应该加强会计网络教学体系的建设,主要包括以下几个方面的内容。

①资源库的建设,包括建设网络会计课件(积件、智能学件)库、网上会计案例库、上市公司数据库以及考试试题库等;②支持平台的建设,向教师提供上传和下载素材、课件的服务,向学生提供下载学习资料的服务;③应用系统的建设,向师生提供用于会计教学的资源,包括保证安全的身份验证、课件点播的交互式界面等。此外,网上会计信息资料要及时补充与更新,使学生能够方便地查询和下载最新的学习资料。

五、提高教师的信息化素养

教师的专业素养对教学成果和质量有着直接的影响。为了培育能够适应信息技术快速发展的高质量会计专业人才,全面提升会计教师团队的专业素质是不可或缺的。会计教师不仅需要掌握最新的会计理论和方法,具备独立思考和教学的能力,还需要提高运用信息技术的能力,熟练掌握计算机网络技术,方便快速地查询最新的科技资料和各种法规制度,及时更新教案,合作开发和使用计算机多媒体教学资源,进行课程资源的建设,实施课堂互动教学,不断提升自身的业务素质和信息化水平。

六、"微资源"在会计教学课堂中的应用

随着我国信息技术和互联网的不断发展,高等教育的教学手段和教

学方式都发生了巨大的变化,微资源在教学中得到了广泛的应用。微资源充分应用到会计课堂教学过程中,可以不断丰富课堂教学手段和教学工具,取得良好的教学效果,还能提高各种资源的利用效率,使整个课堂更加具有感染力。

(一)微资源在会计教学中的应用优势

1. 实现会计电算化教学

近年来,随着我国各种信息技术和互联网的不断发展,教师在教学中应该充分利用各种信息资源,在会计教学过程中充分利用微资源,实现会计教学的电算化。在会计教学过程中,教师应该考虑会计工作本身的隐秘性和保密性。在会计教学中,电算化教学是非常重要的。在教学过程中,教师单纯采用理论教学是远远不够的,只有借助各种先进的多媒体技术等教学手段,才能真正提高学生的实践操作能力。

2. 丰富教学资源,实现资源的再利用

在教学过程中,教师面对的是全班学生,而在全班学生中,不同学生的学习能力是不一样的。在课堂教学中,如果学生对教师的课堂教学内容并没有完全掌握,或者学生由于生病等原因没有参与课堂教学,就可以在课余时间利用微资源学习课堂知识。充分利用各种微资源,学生在课余时间就可以对教师在教学过程中提出的问题和讲解的知识点进行回顾,仿佛置身于真实课堂中,从而实现课堂资源的再次利用。

3. 帮助学生构建知识模型

微资源是一种学习资源,尽管教学时长不长,但其内容却异常丰富。当教师利用微资源来教授会计知识时,他们能够将各种不同的学习资源融合到一个视频或界面中,从而以有趣的方式将课程内容呈现给学生,这极大地缩短了他们的教学时长。

此外,在使用微资源进行会计教学时,教师可以将这些微资源上传到学校的在线学习平台。学生们可以利用这些资源在课余时间登录学校的学习平台,并找到教师上传的资源进行学习,这样可以确保学生的学习不受时间和空间的限制,从而有效地扩展教学的时间和空间。

(二)微资源在会计课堂教学中的应用措施

1.选择合适的教学内容进行微资源教学

在进行会计课堂的教学活动时,教师应当最大限度地运用微资源进行授课。微资源在会计教育中起到了补充和延续的作用,但它并不是会计教育的整体缩影。在教学活动中,教师需要清晰地界定这两个因素之间的相互关系,以实现明确的任务分配。尽管微资源在会计教学中的应用有众多益处,无论是在教学成果还是在教学方法上都有所进步,但微资源在教学内容中的应用并不总是合适的。对于那些不适宜使用微资源进行教学的内容,如果教师选择使用微资源进行授课,那么不仅无法充分利用微资源的潜在优势,反而可能导致教学效果大打折扣,从而影响整体的课堂教学品质。当涉及操作性较强的教学内容时,教师可以采用微资源的教学策略,这不仅可以增强学生对各个知识点的兴趣,还能鼓励他们更加主动地参与到教学活动中,从而全方位地提升学生在会计方面的学习表现。

2.科学、合理地制定微资源教学项目

在教师采用微资源进行教学的过程中,制定合适的微资源教学项目是非常重要的。教师在采用微资源进行教学的时候,首先应该制作一个合理、科学的微资源,应该明确教学目标,根据教学目标进行微资源设计,保证微资源中不能留有空白。用录制视频的方式授课和多媒体教学模式有一定的相似性,教师应该充分利用不同的素材充实微资源,只有选取了合适的素材,才能使整个微资源讲授的内容更加充实,并且使微资源呈现的内容更加形象,有效激发学生的学习兴趣。

3.进行多元化的微资源教学

会计课程教学本身就具有较强的实践性和理论性,会计知识本身就非常丰富,因此在教学过程中教师不应该局限于课本上的有限知识。在会计教学过程中,知识点之间的关联非常紧密,所有知识点都是环环相扣的,学生在学习过程中对于任何一个知识点都不能遗漏。在会计教学过程中,教师要充分利用各种微资源进行多元化教学,不能局限于某一种固定的教学方式。

第四章 高职院校会计专业教学改革的实施策略

随着国家"互联网＋"行动计划的积极推进，各行各业正努力在新一轮发展中抢占先机。新时期，高校会计教学更应该与时俱进，只有在转型中不断改进、创新教育教学，持续发展，才能培养出具有较强竞争力的高素质人才。本章从互联网时代会计专业课堂教学实施策略、会计专业课外教学实施策略以及会计专业教学管理模式改革实施策略三个方面进行了系统阐述。

第一节 会计专业课堂教学实施策略

一、现代会计专业课堂教学方法

一般而言，所谓"传统"会计教学方法，是指按照学科线索和知识体系的内在逻辑关系，即从基础会计知识到专业（工业、流通业、金融保险业、服务业、事业单位、其他）会计知识，循序渐进，由易到难展开学习。这种教学方法自有其合理性，那就是逻辑严密、知识线索清晰、按部就班，逐渐掌握较为复杂且系统的会计知识，同时，为了巩固知识，辅之适当的技能训练（如学习凭证取得与填制方法、登账及更改错账方法、编制报表的方法等）。但是，在传统教学方法中才是最根本的任务，技能训练其实只是为之服务的，处于相对次要的地位。

严格来讲，就课堂教学而言，并无"传统"与"现代"之分，彼此间很难说泾渭分明，而是你中有我，我中有你。所谓"现代"，其实是对"传统"的改进，或者侧重点有所不同，即更加贴近企业会计实践活动要求和会计专业岗位能力需求而已。因而,现代会计专业教学方法更加注重"工作过程"和"业务线索",而知识的系统性、逻辑性、连贯性则处于相对次要的地位。由此,技能训练显得更加重要。一切学习最终都是围绕会计工作"过程""线索""环节"展开的,"学"的目的是"做","做"的效果好坏,成为验证"学"的标准,技能训练效果即是否真正学会"做账",并使之变成教学最为核心的工作任务。"教"完全为"学"服务,是为"学"提供指引、示范和帮助的一项工作,教师是学生的协作者、服务者,共同组成教学活动的"双主体",师生关系不再是"主客体"关系或"主辅"关系,而是"双主体间关系"。

二、互联网时代场景教学法的应用

(一)互联网场景教学法概述

在互联网环境中,会计课堂教学经常采用互联网场景教学法作为教学手段。互联网场景教学法是基于真实的会计工作环境而设计的,它采用项目导向的角色模拟方法,将网络视为一个学习的平台,以规范和系统的方式培养专业技术人才。根据实际的工作内容,确定了各个阶段的培养目标、项目实战内容和培训课程内容。通常情况下,应该基于会计的工作经验,加强会计业务处理技能的培养,通过角色模拟的方式,不断拓展知识和技能,从而解决更高层次的问题。这一教学策略具有很高的实用性、操作性和可复盘性,它打破了传统学科和专业的界限,以实际工作流程为导向,以项目为导向,以任务驱动和能力培养为主线。知识学习主要是为了技能提升的准备和铺垫,因此在会计教学中具有广泛的应用潜力,能够显著提升会计专业的教学质量和会计专业人才的职业能力。

(二)互联网场景教学法在以工作任务为导向的课程体系中的应用

1. 设置工作场景

根据企业会计的实际工作流程和工作场景,结合已投入使用的软件项目,分析项目并分解任务,充分重视企业会计的工作任务环境。

2. 安排会计工作项目

所有的技能与知识点都是通过一个或多个项目组织起来的,通过可扩展的项目案例,学生能够逐渐学习知识与技能;所有的会计专业实践都是一项实践性很强的任务,学生通过实践,逐渐具备完成一项任务的能力。

3. 进行角色模拟

在实训过程中,学生通过真实的企业项目、企业工作流程和工具,模拟项目团队中的各个角色(会计、出纳、主管等),配合完成项目和任务,体验并掌握不同角色的工作技能和经验。

4. 实施任务分解

为了整个项目的顺利完成,不仅要掌握一定的概念,而且还要讲解一定的知识,整个项目被分成几个子任务,然后分析每个任务所需的知识、技能和质量要求,并通过完成任务进行内容的学习以及课程体系的设计。

5. 分享项目经验

通过模拟企业会计的实际工作场景,积累大量的实际项目经验,熟悉项目测试过程中常见的技术、流程、人员协作问题,并制定一定的解决方案。

(三)互联网场景教学法的应用效果

在实施场景教学法时,应该遵循从具体到抽象、从特殊到一般的规律来传授知识和技能,这将在提升学生职业素质等多个方面产生明显效果。

1. 培养学生团队协作能力

在教学过程中,将学生分成几个小组,按照课程内容和教师的安排,每个小组通过技术讨论、实践操作等方式共同完成一项任务和项目。

2. 提高学生动手能力

为了扩展学生的知识面和思路,激励学生自主实践,通过实践和实际项目操作,培养学生举一反三的能力,有助于学生掌握会计业务处理的关键技术,为将来完成更大的项目积累丰富的经验。

3.提高学生学习能力

通过项目训练、上机操作、在线学习和讨论,培养学生良好的自学习惯,并使他们掌握有效的自学方法和工具操作方法。

4.全面提升学生职业素质

通过计算机操作、项目实践、课堂讨论、网上学习和互联网条件下的专业素质培训,学生可以从设定任务与目标、管理个人时间、团队合作与沟通等方面获得会计工作所需的专业素质培训。

第二节 会计专业课外教学实施策略

一、会计微课程概念

在互联网时代,不仅可以在课堂上进行会计教学,而且在课外时间,完全可以通过电脑、平板电脑、手机等工具进行线上学习。现阶段,互联网会计教学的开展形式主要为微课。

微课程是一门短小视频课程,包括介绍、重点概念和结论。利用移动通信设备,微课程可以观看话题介绍,快速复习或巩固课程学习内容。美国新墨西哥州圣璜学院最早开发了微课程,后来向高等教学体系进行推广。会计微课程,即在会计课程中围绕某一知识点或环节而记录的视频或其他形式的多媒体微内容。

二、会计微课程的特点

(一)移动化学习

开放式课程计划是一种在线或移动学习模式,它注重学习者的自主学习行为,更多的是以人为进度,不仅能够重复使用数字化的学习资源,而且还能够节约师资资源,然而它对学习者的自律性提出了更高的要求。我国高校于2003年开始建设国家精品课程,截至2018年,在国家精品课程共享服务平台上,会计类国家精品课程有基础会计学、财务会计、管理会计、成本会计、财务报表分析、审计、会计信息系统和中级会计学等课程,涵盖了会计专业的所有主要专业课程。这些会计学国家精品课程提供了教学课件、电子教案、教学设计、试卷,有些课程还提供教学录像、教学案例、实践实验和文献资料。

(二)碎片化学习

后期的开放式课程包括萨尔曼·可汗于 2007 年创建的非营利性可汗学院网站,将教学视频放在 You Tube 网站上供网友在线学习。在可汗学院金融学中,介绍了资产负债表和权益两个问题。在巴黎高等商学院,也通过视频讲授有关会计和管理控制的常见问题,内容包括资产负债表、损益表和现金流量表等。

微课程和后期的开放式教学计划都是通过教学视频传播课程内容,其中,可汗学院的教学视频能够欣赏授课教师的板书,将问题的推导过程向观看者清晰展现,可以了解问题的来龙去脉。与国内的教学视频一样,巴黎高等商学院也拍摄了教授上课的过程,并制作了教学视频,由此可以看到名师名家的授课风格和师生之间的教学互动。不同之处在于,可汗学院一般将教学视频的时间设置在 10～20 分钟内,巴黎高等商学院只有十几分钟的会计课程,而国内则有所不同,会计课程教学视频和教学时间是相同的,讲授一堂课的时间为 45 分钟。

三、会计专业微课程的现状与对策

(一)会计专业微课程的现状

1. 讲课式微课程

国外高校微课程的环节主要有课程设计、实施和评价,利用教学视频,在 1～3 分钟内向学生传递核心概念,并提供 15～30 秒基于核心概念的介绍和总结,以更好地支持现有的教学。相比国外高校微课程,我国高校的微课程设计还处于初级阶段,会计微课程主要是一门以讲课式为主的微课程,学生可以通过语言提示理解课程内容,并在 10～20 分钟内阐述一个话题,由此可见,授课教师的讲话语速较快。

2.目标短视微课程

国外高校的微课程以建构主义理论和联通主义理论为基础,以学生为中心,构建学生学习的知识网络,学生可以自主、有针对性地学习,紧密结合了真实的课堂。但是,对于我国高校微课程而言,其短期目标是为了评估高校教师的授课水平,更好地展现教师的个人风采,所以选题具有短视性,根据教师擅长的课程录制自己喜欢的主题,然而却没有全面考虑录制后的微课程是否与现有课程形成互补关系,所以也没有考虑到对学生的学习指导。

(二)会计微课程发展的策略

1.多元化微课程

会计课程具有较强的理论性和实务性,会计理论体系是完整的,并不是所有的内容都适合运用讲课式微课程。在会计课程中,也有很多实践性教学环节,如会计认知实习、ERP 模拟实习等,比较适合微课程教学,通过操作性示范,利用一些直观的教学方法,如语言、动作、书写、操作等展示课程内容,从而能够更好地指导学生。

2.合理定位微课程

会计微课程在一定程度上弥补了传统会计课程的不足,两者之间的分工应该合理,传统会计课程侧重理论,而会计微课程突出实践;传统会计课程突出前沿,而会计微课程则突出不易改变和重复的部分;传统会计课程讲授复杂的会计问题,会计微课程则讲授最基本的会计问题,两者相辅相成,相得益彰。

第三节　会计专业教学管理模式改革实施策略

一、会计教学管理信息化建设中存在的问题

(一)缺乏网络信息风险意识

信息安全不只是关于电脑用户的数据保护和硬件保养,它还可能威胁到电脑所处的局域网的总体安全,因此我们必须给予它充分的关注。当前,网络应用软件市场的种类繁多,而且有一些盗版操作系统正在运行。一些高校为了降低成本,在安装或维护过程中使用了未经授权认证的系统固件。这不仅增加了电脑运行的风险,还可能威胁到学校整体的网络安全,从而对会计教学管理信息化产生一定的安全隐患。为了应对这一挑战,学校可以选择实施身份验证和权限管理的策略来对信息系统进行深入的监督,同时也可以采用如数据加密、身份验证、病毒防护和隐私保护等多种手段来确保个人隐私的安全。

(二)建设经费相对投入不足

会计教学管理信息化是需要高投入进行保障的教学模式,教学过程不仅需要信息技术的一系列终端设备、维护设备、电气设备,还需要运行设备的场所、配套的实习地。因此,消耗大、投入多,需要得到更多的经费支持。然而,在我国曾经一段时期内绝大部分高校都没有在信息化建设方面投入较多经费,这在很大程度上制约着会计教学管理信息化建设。因此,各地区应加快会计教学管理信息化经费的拨款,用充足的经费保障来促进会计教学管理信息化的正常实施。

(三)传统会计教学管理理念的不良影响

虽然将会计教学管理信息化建设定位于硬件和平台的建设可以有助

于教学评估检查和基础设施的完善,但要实现会计教学管理的信息化,关键是要树立适应信息化社会运行规律的理念,也就是高效、智能的会计教学管理理念。有些教育机构持有这样的观点:会计教学管理的信息化仅仅是管理方法的一种转变,它只能提高工作效率。对于那些技术操作不够熟练的人来说,它甚至不如传统的方法简单便捷,这实际上是由传统会计教学管理观念所导致的误解。采纳信息化的会计教学管理方法不仅可以为传统的会计教学管理方式带来革新,还可能对管理哲学产生深远的影响。这要求会计教学的管理者构建新的思维模式和工作方法,逐渐培养对会计领域信息的识别和筛选能力,以及对信息的敏锐感知和敏感性。

(四)会计教学管理软件的开发与维护不足

会计教学管理的信息化建设涵盖了硬件和软件两个方面,其中硬件建设主要指的是为信息化办公所需的电脑、处理器和其他网络设备;软件建设是指在会计教学管理中使用的计算机软件,这两个方面都应该被同等重视,不能有任何偏见。当前,众多高等教育机构主要集中在硬件和平台建设上,而对于软件的引入、研发和持续维护并没有给予应有的关注。仅仅依赖电脑和其他设备的存在,并不能完全证明会计教学管理已经实现了信息化,我们还需要关注这些信息化工具在会计教学管理过程中的实际效果。然而,在实际应用中,会计教学管理系统的设计往往与学校的具体需求存在冲突。软件开发公司在开发过程中通常会选择具有广泛适用性的模板,但不同学校的会计教学管理体制和需求各不相同,这就可能导致会计教学管理系统在功能上出现不足。

二、互联网时代会计专业教学管理的改革与实践

在互联网时代,会计教学正经历着深刻的变革,在这一过程中,高校教师应该积极应对这些挑战,对新时期会计专业的教学管理工作提出新的要求。

(一)课程建设

现如今,随着时代的迅猛发展,传统的课程建设已经满足不了我们的

教学需求,必须积极建设新课程。首先,传统的教学资源相对简单,只有教材习题,但是在互联网时代下,我们可以借鉴微课、翻转课堂等教学方式,在课前录制短片,便于学生课前预习或课后复习,还可以通过微信等软件发布习题。其次,传统的教学方式是教师讲,学生听,这是相当枯燥的,然而,在互联网时代,学生通过学习课前短片就能掌握一定的知识基础,教师可以只讲解重、难点,此外,可以组织学生进行小组讨论,互相交流意见,最后由教师发表意见,这将提高学生的学习效率。最后,教师可以利用软件统计学生的习题解答情况,找出学生的易错点和重、难点,并及时调整教学方法。

(二)培养学生挖掘网络资源的能力

伴随着互联网技术的不断进步和广泛应用,现代大学生已经掌握了基础的网络工具和资源。随着大数据时代的兴起,尽管会计专业的学生能够自主学习,不受时间和地点的束缚,但海量的会计数据却让他们感到手忙脚乱,这也给学生带来了如何迅速找到并有效利用会计资源的一系列问题。首先,在教学活动中,教师应当激励学生主动关注微博、微信等与会计有关的专业机构的公众平台,并在教学过程中接收专业信息的推送。其次,在教学活动中,教师有更多的机会进行数据应用的实际操作,为学生提供各种专业网站,以培养他们利用大数据进行网络资源开发的技能。

第五章 高职院校会计人才培养模式研究

第一节 会计人才培养模式的利弊

21世纪是以知识经济为主要特征的时代,人才越来越受重视,而人才的培养主要靠教育。我国普通高校会计学专业肩负着为各行各业输送会计专业人才的重要任务,在新的形势下,只有不断地进行教学方式的改革,用最新的专业知识全面地武装学生以及及时地调整高校会计人才的培养模式,才能培养出符合时代需要的会计人才。

一、高校现行会计人才培养模式的简介

随着我国高等教育事业的发展,各大高校的会计人才培养模式也随之发生了变化。人才培养模式是指在教育活动中,在特定思想指导下,为实现培养目标而采取的组织形式及运行机制,包括人才培养目标、培养规格、培养方案、培养途径和教育评价五个基本要素。这五个基本要素关系密切,相互作用,相互影响。人才培养目标决定了培养规格,培养规格又反作用于人才培养目标,培养目标做的调整要适应培养规格的变化;依据培养目标与培养规格制定出培养方案;实施培养方案,并且通过教育评价加以论证。

目前,我国大部分高校的会计人才培养是以专业培养计划为核心的培养模式,这种培养模式是一种相对静止的、固定的培养方式。一般来说,大部分高校都是提前制订整个学年培养计划,在学习期间按培养计划进行。

二、高校现行会计人才培养模式的优势分析

人才培养模式是培养什么人和怎样培养人的有机统一,是由培养目标、培养制度和培养过程三大相互关联的要素组成的有机整体。现行的高校会计人才培养模式是一种固定的、提前制定规范的培养模式,它的存在给大部分高校带来了一定的积极作用。

(一)人才培养方向的明确化

我国财政部发布的与国际会计准则趋同的新会计准则已于 2007 年 1 月 1 日起在我国上市公司率先执行。在与国际接轨和执行新会计准则的过程中,我国急需一大批熟悉国际会计准则、掌握国际资本市场惯例、能够承担国际业务、精通外语的国际化会计人才。针对我国目前会计人才的需求,各大高校的人才培养目标旨在确定培养何种人才、人才应当具有何种素质和技能等。在明确培养目标的基础上,再制订教学规划和课程设置方案并组织教学,就能够使会计教育的方向更加精准。现行高校会计人才培养的目标主要是让学生能深刻地掌握会计基础知识,具备坚实的理论基础和熟练的实务操作能力,从而培养德、智、体等全面发展的高级会计专门人才。从教学任务的角度来看,这种培养模式与学生实际情况比较贴近,目标也比较明确。

(二)人才培养途径的正规化

人才的培养路径是实现教育目标的核心要素,涵盖了教学课程和实践教学环节等多个方面,其中,课程体系无疑是最关键的部分。大多数高等教育机构的会计课程采用了一种"三段式"教学模式,即基础课程、专业基础课程和专业课程。学校的会计课程主要是通过介绍会计准则和会计核算方法,帮助高校的学生理解编制会计报表的过程。在教学培训中,主要的焦点是以教科书为核心,教授与会计相关的知识。另外,目前的会计实践教学通常采用三种不同的组织方式:集中式实践、分散式实践和模拟实验室实践。大多数高等教育机构都倾向于使用模拟实验室的实践方式,这种方法可以帮助学生更快地与单位或企业建立联系,并将书中的知

识与实际工作中的凭证获取、填写、账目记录和报表编制紧密结合,从而加深他们对会计操作流程的理解。通常情况下,大多数高等教育机构所采纳的是这样的实践性学习方式。这样的学习方式对于培育研究导向的人才或者是工程领域的会计专家是有益的。

(三)教学资源配置的便利化

在学期的开始阶段,高等教育机构的教务处会向各个大院系发布相关的培养计划。在经过各院系的修订和教务处的正式批准之后,这些培养计划便会正式开始执行。教务处将会指派合适的教师来进行教学活动。毫无疑问,这种计划性的人才培养和教学模式为整个高等教育机构的运营带来了极大的便捷性,这也恰好展示了计划作为一种管理文件,在确定未来行动方向、内容和方式方面具有明显的优势。

鉴于目前高等教育机构的会计专业人才培养方式是事先规划好的,并且相关的教学内容和方法都已经明确规定,这种稳定的培养模式使得教务部门和学校的其他相关部门能够提前做出决策,从而在学期开始时对整个学期的教学计划进行全面和详尽的规划。这样做不仅有助于学校整体的教育管理和资源分配,还有助于减少学校的运营成本。

三、高校现行会计人才培养模式存在的问题

会计学是一门有效的应用学科,也是一门重要的管理学科,各大高校大部分都开设会计学及财务管理专业,向国家输送了大批会计专业技术人才。但是目前高校在会计人才培养上还存在一系列问题,严重制约着各大高校会计教育水平的提高和会计教育事业的发展。

(一)课程设置的滞后性

许多高等教育机构提供的会计课程与会计实践的进展不同步,课程内容过时,且不适应当前的教学需求,显得不太合适。大多数的教材在内容方面对会计制度进行了大量的解释,而在理论分析方面则相对较少,同时普遍存在的问题是没有及时地将最新的科学研究成果和新的科学观念整合到教材中。在教学活动中,教师主要集中在解释会计制度和会计准

则等方面的知识,而在理论论述和分析方面则相对匮乏。如果教材不能及时进行更新,这不仅会导致学生的知识变得过时,同时也会很难培养和提升学生的判断和分析问题的能力。

同时,会计是一项技术性很强的管理工作,但是各大高校设置的实践课程环节却常常被人们忽视。通常的课程设置都是理论课在先,实习课放在最后一学期或者最后一年,造成理论与实践脱节。特别是一些农林院校会计专业学生只有一两次的实践机会,其会计模拟实习往往仅安排一周时间,实践教学流于形式,实际上还是以教师、课堂、教材这种"三点一线"的方式为培养模型。

(二)教学硬件设施的落后

随着市场之间的竞争日益激烈,公司的竞争领域和范围也在不断拓展,ERP 系统也应运而生。如今,ERP 系统在企业中得到了广泛的应用。通过网络平台,企业可以整合各种资源,实现资金和信息的实时交流,从而有效地管理整个供应链。ERP 系统通过明确与事务处理相关的会计核算科目和核算方法,能够在事务处理过程中自动生成会计核算分录,确保资金和物流的记录及数据保持一致,从而实现事中控制和做出实时决策。

当前,众多高等教育机构普遍设立了会计手工实验室和会计电算化实验室,以模仿会计的工作流程。通过参与这些实践活动,学生不仅掌握了会计核算的基础技术,还提升了他们的实践操作能力。高等教育机构培训的学生在考虑就业前景和与社会的融合时,必须满足企业或单位的标准。然而,由于 ERP 系统的引入需要大量的资金支持,多数高等教育机构在经费方面有所顾虑,导致更多的会计实践环节仍然局限于传统的会计模拟实验室水平。

(三)人才能力培养的欠缺

许多高校会计专业普遍分得过细,如国际会计专业、注册会计师专业、会计电算化专业等,过于强调专业的特征和实用性,培养出来的人才知识结构单一,与厚基础、宽口径、高素质、强能力的要求不符。这种教学方式无疑不利于培养学生的综合素质。另外,学生跨学科、跨专业选修课程的资源有限,如英语、国际金融、财政学、管理学、市场营销、法律等,无法弥补会计专业学生知识结构上的不足,影响学生拓宽知识面.不利于培养具备多元化知识结构和相应的高能力的综合型会计人才,不利于提高我国会计人才在全球经济中的竞争力。据统计,我国现在对国际化会计人才的需求约为 35 万人,而符合要求的约 6 万人。

四、高校现行会计人才培养模式的重塑

会计环境的变化以及会计学科边界的拓展,要求各大高校的会计教育具有实时性和动态性。知识经济的发展要求培养出适应 21 世纪社会经济需要的既具有较高理论、扎实的知识,又具有开拓创新能力的复合型会计专门人才的会计教育人才培养模式是当务之急,应从以下几个方面入手。

(一)提高课程体系质量

尽管关于会计专业的书籍种类繁多,但真正系统和权威的教学材料仍然是少之又少。我个人建议,高等教育机构应当迅速采纳高品质且全方位的教材,并结合科学的教学方式和前沿的教育工具来为会计专业的学生提供更好的教育资源。各大高等教育机构的会计专业在教学过程中,应优先选择教育部推荐的教材、知名高校甚至是西方的原版教材,以整合最新的知识点和学术观点。这样做是为了满足国际会计标准,适应经济全球化的需求,并与国际标准保持同步。与此同时,授课教师需要在教学方法和手段上做出创新,以培养学生的问题分析能力,激发他们的学习积极性,并激发他们的创造性思维。教师应当真实地扮演会计课堂教学的策划者、指导者和推动者的角色,而非仅仅是知识的灌输者和课堂的主导者。为了达到教学改革的目的,我们必须采纳科学的教学策略和前沿的教育工具。

(二)培养应用型人才

会计专业是实务性很强的一门专业,大量的会计专业学生毕业后在

企业从事会计工作。所以,为了适应市场的需求,培养应用型人才,首先涉及的是培养目标问题,突出教育特点,以劳动力市场需求为导向,以提高学生就业能力为目标,培养适销对路的实用人才。其次要注重素质教育,素质教育是应用型会计人才培养模式构建的基础。知识经济时代的人才不仅要具备专业知识和专业技能,更要注重基础素质,尤其是创新素质、道德素质。创新型人才是决定一个民族竞争力强弱的关键要素。培养具有创新意识和创新能力的应用型会计人才是市场的需求。加强道德素质教育,把知识的传授与道德精神的熏陶融为一体,促进人的全面发展。

(三)加强教学硬件设施

在教学手段上要采用多媒体教学,利用声、光、电的优势把知识展现出来,同时还能激发学生掌握现代科学技术的积极性。这样培养的学生不仅掌握了会计知识,更提高了他们的知识结构和综合素质。此外,还要加强实验室建设,会计教学不仅要向学生系统地传授理论知识和基本方法,而且更要注意培养学生应用会计理论和方法去解决会计实践问题的能力。在传统实验室建设的基础上,院校应该拿出资金或者与企业联合建立 ERP 实验室。通过 ERP 模拟系统,学生可以全面掌握企业各个环节的工作流程,了解运营形势。

第二节　工学结合高职会计人才培养模式

一、工学结合高职人才培养模式在各国的应用

(一)工学结合高职人才培养模式在发达国家的应用

1. 发达国家的工学结合人才培养模式

(1)德国的双元制。

双元制的形成是 19 世纪中后期,随着工业化的开始,传统的学徒培训在提高学徒文化的知识素养及适应需求方面日益显出其弊端。因而,

有不少城市明确要求学徒有义务到职校接受必需的理论知识学习。到1900年时,学徒期青少年的进修学校教育定为义务教育,并决定让企业参加职业培训,承担培训主要责任。与此同时,又用职业学校教育补充企业实训,两者相互合作,相互补充,形成了职业教育的双元制。

双元制是学校与企业分工协作,以企业为主;理论与实践紧密结合,以实践为主的一种职业教育模式。双元制是德国职业技术教育的主要形式。其根本标志是学生一面在企业(通常是私营的)中接受职业技能培训,一面在部分时间制的职业学校(公立的)中接受包括文化基础知识和专业理论知识在内的义务教育。

①双元制模式的双元内涵。双元的内涵主要表现在:第一,职业培训是在两个完全不同的机构——企业和职业学校中进行的,并以企业培训为主。第二,企业的职业培训由行会负责监督与管理,职业学校的组织、管理则由各州负责,其法律基础是各州的《学校法》或《职业义务教育法》。第三,学生兼有双重身份。一方面,受训者根据他与企业签订的培训合同在企业里接受培训,是企业的学徒;另一方面,根据《学校法》,受训者在职业学校里接受理论课教学,是学校的学生。第四,教学文件由两部分组成。企业严格按照联邦政府颁布的培训规章及培训大纲,对学生进行实践技能的培训;职业学校则遵循州文教部制订的教学计划、大纲,对学生进行文化及理论知识的传授。第五,培训者由两部分人员担任。在企业里实施实践技能培训的师资称为培训师傅,在职业学校里教授普通文化课和专业理论课的师资称为职校教师。第六,职业教育经费来源于两个渠道。企业及跨企业的培训费用大部分由企业承担,职业学校的费用则由国家及州政府负担。

②双元制模式的特点。

A.同生产紧密结合。双元制职业教育形式下的学生大部分时间在企业进行实践操作技能培训,而且所接受的是企业目前使用的设备和技术,培训在很大程度上是以生产性劳动的方式进行的。

B.企业的广泛参与。大企业多数拥有自己的培训基地和人员。没有能力单独按照培训章程提供全面和多样化的职业培训的中小企业,也能通过跨企业的培训和学校工厂的补充训练或者委托其他企业代为培训等方法参与职业教育。

C.互通式的各类教育形式。德国各类教育形式之间的随时分流是一个显著特点。在基础教育结束后的每一个阶段,学生都可以从普通学校转入职业学校。接受了双元制职业培训的学生,也可以在经过一定时间的文化课补习后进入高等院校学习。

D.培训与考核相分离的考核办法。这种考核办法体现了公平的原则,使岗位证书更具权威性。双轨制模式的实施必须具备三个基础条件:一是有完善的职业教育体系,从初级到高级职业教育层次完备,并建立起沟通渠道,同时与普通教育相互流通,以保证学生的发展;二是有完善的法律体系来保证职业教育的管理和运行;三是有完善的职业教育教学质量标准体系来保证职业教育的人才培养质量。从我国的实际情况看,完全照搬德国的双元制模式是不现实的,上述三个方面的条件都还不够成熟,需要在实践中加以探索。

(2)英国的工读交替合作教育。

英国的办学形式灵活多样。英国为培养企业适用的工程技术人才,许多学校实行了"工读交替制"的合作教育。这就是人们常说的"三明治"(或"夹心饼干"式)教学计划。这种人才培养方法分为三个阶段:学生中学毕业后,先在企业工作实践一年,接着在学校里学习完两年或三年的课程,然后再到企业工作实践一年,即所谓的"1+2+1"和"1+3+1"教育计划。此外,英国还实行第一、二、四学年在学校学习三年理论,第三学年到企业进行为期一年的实践培养的方式。

(3)其他国家的工学结合人才培养模式。

美国在职业教育系统化之初,企业就开始参与职业教育。1915年的职业教育运动就获得了企业界的极大支持。1963年规定开展工读课程,要求大学阶段的学生一部分时间参与校园学习,另一部分时间参加有薪专职工作,两者交替轮换。法案规定为工读课程提供财政资助,并且要求各州的职业教育部门与企业要相互合作。随后,校企合作成为美国职业教育的重要途径。1982 年的《职业训练协作法》明确规定:职业训练计划由州和地方政府制订,政府和企业共同参与成人职业训练课程的制定、修改及实施。法案规定由州长掌握非技术工人及其他贫困青年的成年人的职业培训经费。各州州长把全州划分为若干培训区,每个培训区都成立私营企业校董会,负责当地职业培训工作的通盘规划和组织管理,并与有关培训机构签订合同,贯彻实施。1983 年的《就业培训合作法》又将职业培训的权力下放给地方私人企业,联邦只起协调指导和资助作用。1994年《从学校到工作机会法》规定,企业负责延伸的学习活动,如提供合作学习课程,向高中学生提供实习职位以及提供实地工作指导,学校和企业必须共同工作以创造合作关系,建立就业及学校之间的沟通。

丹麦职业学校的专业课程是在学校和企业(必须是高技术水平的企业)两个场所开设的,学生通常以合同制的方式在企业中实习,并以带薪学徒的身份在企业工作。学生有能力将他们在学校学到的理论知识迅速运用到实际的工作场景中。这样的教育方式不仅可以帮助学生建立坚固的理论知识,掌握专业的职业技巧,确保培养出高品质、高效率的应用型人才,同时也有助于缓解企业中的劳动力短缺问题。在美国,所谓的"合作职业教育"或称为工读课程计划,是指工商界与职业教育机构联手,共同为学生提供职业教育机会。学生们在学校度过了一段接受普通文化教育的时光,而在工商界则进行实际的工作,这样的学习和工作是交替进行的。近期,瑞士对学徒制进行了进一步的优化和完善,由原先的"双元制"转变为"三元制"。这意味着企业、学校以及培训中心或实训车间共同参与学生的培养,而培训中心或实训车间则是由多个行业或职业协会(企业联合体)联合组织,为学生提供实践活动的场所。例如,瑞士最大的行业组织——瑞士工艺与技术联合会,是由超过 20 万家企业所组成的。

2. 发达国家人才培养模式对我国的借鉴意义

国外高职教育发展较早,具有较成功的先进经验。虽然国外高职人才培养模式不同,但其围绕就业和实践能力的培养而兴起和发展有着共同的特点,总结国外人才培养模式特点对于构建我国高职会计人才培养模式具有重要意义。

(1)以社会需求为宗旨,推动职业教育的发展。

二十世纪六七十年代是发达国家高职教育蓬勃发展的时期。战后西方绝大多数国家和东方的日本完成了经济的恢复,在新技术革命的推动下,在企业现代管理制度的激励下,尤其是制造业向技术密集型产业的转变,使得生产一线急需大批较高水平的技能型、技术型实用人才及管理人才。企业对应用型人才的迫切需求,并希望在较短期限内速成就业,而衍生出高等职业教育的发展大势,一批重视实践教学、突出岗位能力培养的职业教育性质的院校纷纷成立。如 1961 年日本成立的 5 年制高等专门学校、1968 年的德国专科大学、1965 年英国的多科技术学院,以及此后的美国社区学院也相继迅速发展起来。国家经济的发展,不仅创造了技术型人才的大需求,在推动职业教育发展的同时,也使各国经济在后十年取得了较高的经济增长速度。特别是日本,以两位数的发展而一跃成为世界经济强国。当前,我国现代化建设进程中最缺的就是高级技能型人才,全国部分大中城市高级技工短缺,蓝领身价飞涨。

(2)以产学合作为机制,建立人才培养模式。

不论是德国的"双元型"教育、美国的"渗透型"合作教育、英国的"工读交替型""三明治"教育,还是日本的产学合作教育,它们都是建立在学校与企业(行业)共同培养机制的基础上,进而构建了"双向参与、双向互动"的运作机制,形成了具有各自特色的产学结合人才培养模式。例如,"双元型"主要侧重于企业实践,为企业提供必要的专业技巧和实践课程。所谓的"渗透型"主要是以学校的计划组织为核心,教师会根据学生的专业背景和兴趣来寻找合适的企业雇主。他们会根据企业的具体需求和可能提供的生产实践培训场所及报酬来签订合同,明确学生的工作任务、职责、时间和报酬等,并与企业建立合作关系。所谓的"工读交替型"是指学生首先成为企业的员工,然后在技术落后的学校中,以企业为核心进行技能培训。在日本,企业直接创办的"工学院"主要是为了培训高技能的企业人才。另外,在美国高等教育体系中,占比 34.1%的社区学院通常会选择与企业合作开设专业课程,或者与企业进行合作性的教育活动,以此为企业提供员工培训等多种方式,从而构建产学合作的机制。尽管工学与人才培养相结合的模式在我国的高等职业教育中尚未得到广泛应用,并且还没有建立起一套完整的支持机制,但这确实是一个值得我们积极学习和借鉴的方面。

(3)以实践教学和职业能力为重点,设计培养方式。

在西方各国高职教育中,实践教学占有较大比重。课程设置与内容围绕社会或企业的需要,坚持以职业对技能和知识的实际需求为依据,注重课程的职业功能性,如英国的多科性技术学院普遍开设有工读交替的"三明治"课程,训练学生的职业技能,第一年在校课程学习,第二年带薪实习,第三年回到学校完成学业,进行学习成果考核验收。德国一般需要 2/3 的时间用于在企业接受培训,约 1/3 时间在学校学习理论知识,专科学校的课程设置侧重学生实习和实验训练,理论教学和实践教学一般交替进行,第三学期主要用来熟悉工作环境,了解所学专业的未来工作前景;第六学期主要与学生毕业后的职业方向接轨,强调实践性和操作性。可以说,发达国家的高等职业教育人才培养课程,几乎全部的专业课都采取理论课与实践课相结合的方式。1956 年,英国的《拍西报告》就指出,凡是培养工程师的课程都要包括实习。

在教学方法上,坚持以"能力为本位"的原则组织教学,突出在一线岗位从事现场和实际的职业活动能力的培养。如德国高等职业教育所推崇的一种培养学生自立学习、注重理论联系实际的引导探究教学法,以及美国、加拿大等国所采用的学生自我学习和评估教学等教学方法,其目的在于通过各类教学活动培养和发展学生的"自学能力""协同工作能力""创新能力"。

(4)以政府立法为保障,推进合作教育的实施。

由于职业教育对国民发展的重要作用,令发达国家政府高度重视职业教育的发展,为确保职业院校的高技术人才培养与企业对职业能力需求相一致,都以立法形式促进校企合作。如美国政府在 1982 年制定了《职业训练合作法》后,又于 1988 年颁布了《美国经济竞争力强化教育训练法》,进一步突出职业教育训练的现代性质,1990 年修定的《卡尔·D.帕金斯职业和技术教育法案》还明确规定了州的职业教育训练实施具体标准和评价方法等,使社区学院与当地企业都建立了协作关系,实行名副其实的"合作教育"。而日本设有专门组织机构(如产学恳谈会)负责将企业界的人才需求反映给学校,加强产学合作。政府立法为职业教育创造了很好的发展环境,职业院校获得了健康快速的发展,也有力地推动了发达国家的经济高速增长。

(5)以社会监控为手段,保证人才培养质量。

高职院校培养出的人才质量如何监控?发达国家在人才培养结果评价上一般采取社会参与评价的方式监控人才质量。如德国由企业、学校、工会和行业代表共同实施,美国由工程技术评估委员会制定评估标准,加拿大由合作教育协会制定标准,澳大利亚和英国由行业协会制定培训计划和标准。

可以说,发达国家内起着行业自律、行业保护职能的专业协会或专业团体已担当起职业教育质量评价的主要责任,形成了学校对教学质量负责,企业和社会专业团体等提供专业指导和知识更新,评价人才培养质量的内外统一相互促进和约束的机制。实施中,高等职业院校积极主动邀请企业界资深人士参与专业教育内容和质量控制的过程。这种内外合一的质量监控机制,不仅增强了职业学院与企业和专业团体等的沟通交流,也不断地重构了符合社会需要的专业理论知识与技能基础,保证了产学合作的实效。

(二)工学结合人才培养模式在我国的应用

1.我国工学结合人才培养模式的历史演变

(1)20 世纪初,周学熙倡导"工学并举"。

在"西学东渐"思想的影响下,伴随着天津被辟为通商口岸以及此后洋务运动的兴起,一些企业相继开设了实习工场传习工艺技术,启发工商知识,一种边工边学的职业教育模式开始形成。时任直隶工艺总局总办、有"北洋实业权师"之称的周学熙,主张教育与实业如影随形,要"富强",必须"工学并举""工厂之设与工艺学堂联为一气"。鉴于过去工业学堂"理论多而实验较少""唯习其理,而不习其器",因而"可造之才"甚微,周学熙十分强调教学要"教""学""做"合一,在教学中坚持"既习其理,又习其器"的教学方法。周学熙的实业教育实践主要是在天津进行的。"工学并举"的深入推行,促进了近代工业和近代教育的发展。

(2)20世纪50年代,"半工半读"教育在天津兴起。

新中国成立初期,随着经济建设的快速发展和计划经济的逐步完善,为了保证产业工人的数量和质量,1958年天津国棉一厂创办了全国第一所半工半读学校。一些工厂企业还试办了多种形式的职业学校,既有招收初中毕业生的,也有面向企业在职工人的。总的办学思路是"半工半读",即一半时间在工厂生产,一半时间在课堂学习。当时,刘少奇同志对天津首创的"半工半读"职业教育模式给予充分肯定,并在此基础上提出建立"两种教育制度,两种劳动制度"。这种教育模式对培养有社会主义觉悟、有文化的劳动者产生了重大影响。

(3)21世纪初,"工学结合"职教模式确立。

从1979年开始,世界各国正式对产学合作教育的理论和实践进行了有计划、系统的研究,每年举行一次世界合作教育大会,并于1989年成立了世界合作教育协会。我国于1989年首次参加了世界合作教育大会,正式开始了对合作教育的研究。在2004年的教育工作大会上,教育部部长周济也充分肯定了职业教育的产学结合模式,并强调在今后几年要进一步搞好职业教育的产学结合。

2005年8月19日,教育部在天津召开职业教育工学结合座谈会,确认了工学结合职教模式。同年11月,温家宝总理在全国职业教育工作会议上的讲话中充分肯定了工学结合模式。他说:"有条件的地方和学校,学生可以一面在学校学习,一面在企业工作,工学结合、半工半读。"

2. 我国工学结合人才培养模式的几种形式及其优缺点分析

通过 20 世纪 80 年代后期引进国外合作教育模式的分析比较，结合我国国情和高职教育的发展实践，工学结合人才培养模式形式，常用的模式如下。

(1)"订单式"模式。

为满足企业的人才需求，学校与各企业签署了人才培养合作协议，共同规划人才培养方案，并联合组织教学活动，确保学生在毕业后能够直接进入企业工作，"订单式"模式是一种产、学、研三方合作的教育模式。对于企业而言，所培训的学生在岗位上具有高度的针对性和适应性，从而降低了企业的运营成本。对于教育机构来说，这种模式对于专业的构建是有益的，并从深层次上解决了学生的职业难题，充分展现了以就业为导向的优越性。然而，这种情况容易导致学生在知识结构上变得狭隘和单调，从而限制了他们进一步的学习和成长。

(2)"2+1"模式。

"2+1"模式是指学生前两年在校内学习与生产实习，后一年到企业顶岗实习和毕业设计的产学研合作教育形式。它具有提高学生的综合素质和动手能力，缩短岗位适应期的效果。该模式主要适用于三年制高职院校中的工科专业、管理类专业及文秘、旅游等专业。

(3)"学工交替"产学合作模式。

"学工交替"产学合作模式是学校和企业共同设计的人才培养计划，其中学生在企业中的实践经验与学校的学习经验相互交织，实现了理论与实践的完美结合。这一教育模式的突出特性在于学生既是"员工"也是"学生"，在企业参与人才培养的整个流程中，学生的能力与其岗位需求实现了无缝对接。然而，只有当企业具备较大的生产规模和较高的技术含量时，模式的运行才能确保工学的顺利交替。"二产"类专业的模式通常更适合于那些对岗位技能有较高要求的学生，因为他们需要在企业中进行长时间的实践才能胜任工作。

(4)全方位合作教育模式。

全方位合作教育模式即合作教育企业方通过注入教育教学资金、共建实验实训基地和合作开展课题研究,物力、财力全方位与学校合作并承担相应教育管理责任的合作教育模式。双方秉承"双赢"的原则和理念,培养"适销"对路人才。该模式适合以就业为导向培养现代服务业人才的一些高职院校。

二、工学结合高职会计人才培养模式的构建

(一)实施工学结合本位的培养模式

1. 培养模式的基本理念

高等职业教育需要更新其办学观念,追求科学的进步并关心社会进步的需求。努力将职业教育的方向从计划性培训转向以市场为驱动,从政府的直接管理方式转向宏观层面的指导,以及从传统的升学目标转向更注重就业的方向。为了预测社会的发展方向,并根据产业的结构和经济的调整需求,我们进行了高等职业会计专业的建设研究。在进行建设和改革的过程中,我们从教学和职业发展的规律出发,以提高"职业判断能力"和熟练的"操作动手能力"为目标,不断赋予高职教育"发展能力、工学结合、校企合作、持续发展"的新内涵,以促进职业教育教学与生产实践和社会服务的结合。

2. 工学结合本位课程模式的构建

工学结合本位课程模式是能力本位的课程开发模式,这种模式是针对岗位群的要求整合与配置教学内容和课程体系,满足企业对应用型人才的要求。工学结合本位课程模式的主导地位主要体现在:变"学科本位"的课程思想为能力本位,课程体系按能力需求精简课程内容,以工学结合培养为主线,强调以工学结合作为课程开发的中心,重整会计课程,以训练为重心,进行并行方式学习(学生在理论学习的同时,在学校实训中心进行工作实践),做到"三个结合",即教学和实践结合、学校和企业结合、模拟岗位操作和理论学习结合。新课程体系包括综合素质和行业岗

位需求的知识和能力。以主干专业技术为核心,建立多学科综合化的、动态的、多元的课程结构和课程内容。以培养专业技能为轴心,建立实训课程体系。以校内外实验、实训基地为基础,部分课程到企业去完成。学习环境与工作环境相结合,部分课程到实验、实训基地完成,增强职业岗位群意识;学习环境模拟工作环境,实现技术应用能力、岗位群适应能力及综合素质三者相结合。借鉴北美国家普遍采用的 CBE 教育模式,在模块教学的基本框架内,以专项技能模块为基本教学单元组织教学,以岗位为中心进行全仿真实训,培养学生的技术应用能力和基本素质能力。课程的设计内容如下:企业的资金管理可以从四个主要环节进行划分,分别是筹资、投资、资金使用以及收益实现和分配的管理。比如说,我们可以把财务会计、成本会计以及财务管理这三门课程融合在一起,形成一个统一的教学模块。在财务会计课程中,对四个主要环节进行间接管理是其核心职责。成本会计的核心是管理资金的使用流程,涵盖了成本的核算、分析、预测、决策、计划、组织、控制以及监控各个环节。因此,成本会计实际上是财务管理和财务会计在资金使用过程中的交集。结合这三门课程对资金流程的综合管理,它们可以整合为一个统一的教学模块。鉴于管理会计、财务管理和成本会计之间的交集,我们可以选择不继续开设相关课程。因此,我们可以考虑使用中级会计考试的教材作为会计高等职业教育的核心课程教材。

3.培养模式的整体优化

展望未来,我们要加强高等职业教育的教学研究,并对专业结构进行合理的调整。以工学为核心的教育模式应当针对新兴行业和现代服务行业,加强课程体系的研究,并积极推动高质量专业、优质课程以及教材的建设。我们需要对传统的以学校和课堂为核心的人才培养方式进行改革,更加重视实用技能的培训。为此,我们需要合理地规划和分配经费,并建立一个综合性的校级实训基地和校外实践教学基地。同时,我们还需要对教学设备进行集中的管理、监督和维护,确保学生能够熟练地操作这些设备并进行持续的培训。我们的目标是让学生深入了解工厂和企业的实际操作、组织结构以及车间的管理策略,从而实现学校与企业之间的互利共赢和共同进步。全方位地推动高等职业教育信息化的进展,以及教学平台和现代教育技术的广泛应用。逐渐构建一套与传统教育不同、具备高等职业教育特色的人才培训、选拔和评估标准与制度。充分发挥区域内的高质量资源和就业市场优势,进一步推动合作式教育模式的发展。

(二)合作教育,协调发展及实现途径

合作教育是工学结合会计人才培养模式构建的核心,是工学结合会计人才培养中的重要特色,是培养学生把理论知识转化为实践能力,提高学生综合素质与创新素质的有效途径。实践创新能力都是在六量产业实践中培养出来的,而合作教育是其实现途径。从职业教育发展历史经验及实践探索得出,工学合作教育的实施成效是培养高职会计人才成功的关键,工学合作教育要想卓有成效,就一定要做好以下工作。

1.合作教育方式

合作者要明确工学合作的目标、内容方法及双方责任。双方成立组织机构和领导小组,聘请行业专家、企业领导与学校教师共同组建专业教学指导委员会。专业教学指导委员会的职责是明确专业人才的培养目标,确定专业教学计划的方案,提供市场人才需求信息,协助学校确立校外实习、实训基地。专业教学指导委员会最突出的作用就是确定了以社会岗位群对人才需求为导向,以知识、能力、素质结构为依据的专业人才培养方案,建立校企合作的教学体系。合作式教育被视为一种培养人才的方式,它拥有一个完备的教育结构,并应在人才培养的每一个环节中都得到体现。我们可以主动地将我们的服务和技术提供给企业,并将培训活动直接送到现场,同时也会接受企业的订单,并根据企业的员工数量和规格来进行订单培训。我们始终坚守"用知识报效社会"的核心价值观,充分发挥专业和人才的优势,强化品牌意识,不断提高服务质量,拓宽服务领域,积极开展社会交流活动,为地方和行业提供全面的决策、咨询和培训服务,深入开展校企课题的研究工作,以更好地服务地方经济的持续发展。学校与企业携手,共同进行培训活动。在高职教育中,实践和教学

不仅仅是理论与实践的简单结合,更是一种旨在培养学生形成符合岗位特色需求的知识和能力素质结构的教育过程。这种知识和能力素质结构的培养是通过合作教育的联合设计和共同培养来实现的。为了实施这种合作式的教育模式,我们需要确保教学计划和教学制度与其相匹配。实践性的教学环节可以安排为三个学年,以完成各个不同阶段的实习任务。这种合作式的教育方式有助于学生更早地了解他们所处的工作环境和岗位。在学习过程中,学生的学习目标变得更为明确,学习动力也更加充沛,这使得学生能够更早地适应新的角色,并为未来的工作做好心理、知识和能力的准备。

2.岗位轮换教学,加强合作意识策略

(1)角色扮演教学策略。

在会计教育的过程中,我们根据学生的个性将他们划分为多个小组,每个小组都有一个财务部,分别承担会计主管、制单员、出纳员和记账员等不同的会计角色。他们负责审核原始凭证、填写记账凭证、登记会计账簿和编制会计报表等会计核算任务。通过这种岗位角色扮演,学生可以更清晰地理解自己的职责,掌握会计核算的各个流程,并培养团队合作的能力,从而达到事半功倍的效果。例如,财务部由会计主管、制单员、记账员和出纳员组成,在审核原始凭证和编制记账凭证的过程中,会计主管会在审核通过原始凭证的合法性、合理性和有效性后,将其传递给制单人员;制单员会根据其经济业务的特性,将相应的记账凭证转交给会计主管;会计负责人会对记账的凭证进行仔细检查,一旦确认其满足标准,便会签名并返还给制单员,如果不满足条件,则会退回重填;制单员将经过审核的收款和付款凭证转交给出纳员,而转账的证明则交给了记账员;记账员会根据收到的款项和付款的证明来记录现金和银行存款的日常账务,并在出纳员那里签字后,将其转交给记账员。学生们扮演财务部的关键角色,共同努力完成原始凭证的制定和审核,深入理解各个岗位间的合作和协同作用。

(2)岗位轮换策略。

为了完成实践教学目标,需要进行岗位轮换,小组中的每一个成员必

须依次扮演 4 个角色,通过 4 轮轮换,使得每一位同学都能将所有实践内容轮换一次。岗位轮换策略加强了会计实践教学,系统培养了学生的实务操作技能。

(三)加大实验实训教学力度

1. 建立完整的实验教学体系

在构建"现代职场、真实氛围"的外部环境的同时,我们也在积极地探索和创新实践教学方法。实验教学是指在会计模拟实验室(包括手工实验室、电算化实验室)中,选择仿真或企业实际业务资料,按照实务工作的流程和要求,让学生进行实际动手操作的教学方式。实验可以被划分为手工实验、电算化实验和综合实验三个不同的阶段。在手工实验阶段,除了在理论教学中穿插章节实验项目外,还可以在每门理论课程之后开设基础会计实验、财务会计实验、成本会计实验、纳税申报等,这些都是集中高职会计教育模式改革研究的阶段实验课程。在教师的引导和指导下,学生们可以通过对实验数据的深入思考和分析,利用会计模拟工具,亲自参与到会计流程的各个环节,如科目设置、复式记账、凭证填写和审核、账簿记录、成本估算、纳税申报和报表编制等,并在实践中体验和总结手工会计工作的独特之处。在电算化实验阶段,高职层次的会计专业学生需要在掌握会计手工工作流程的基础上,熟练使用常用会计软件进行各个模块的操作和维护,利用电算技术处理企业的日常会计业务。通常在第四和第五学期,学校会开设一到两门电子化课程,这些课程不仅教授会计电算化的基础理念,更是让学生能够进行计算机操作,并熟练掌握通用财务软件的实际操作和处理方法。通常,综合实验阶段会被安排在最后一个学期进行。我们致力于收集和整理企业的完整且真实的业务信息;为了创造一个多维度的互动"社会"环境,我们需要建立一个涵盖银行、税务、保险等与企业进行经济交往的外部场所;企业财务部门是由多名学生组成的,他们的职责分工非常明确,每个人都按照自己的岗位分工,强调彼此之间的监督和协调合作;执行各种手续,并在工学和电算化两个方向上进行综合性的业务处理。各个职位会定期进行轮岗,目的是实现全方位的实践经验,通过综合实验阶段的培训,能够全方位、系统性地提升学生在实务操作方面的能力。

2.加强实训环节

实训条件包括软件配备、资料配备、工具配备,软件配备包括电子实训软件设备、企业版财务软件配备;资料配备包括银行票据、税务票据、业务票据组成的票据库、各类账簿和报表组成的账表库、仿真企业的核算资料;工具配备包括教学工具、装订机、验钞机、计算器等工具。

(1)在实训室和校内实训基地仿真实训。

这个实训方案的效果使仿真实训的形式和工作变得日常化,使学生每天都能在会计工作环境中解决不同的问题。这不仅有助于培养学生的职业素养,而且也有助于提高学生的职业技能、人际交往能力和独立处理问题的能力,实现职业技能和职业素养的一体化培养。这个实训方案所需的运营成本包括一个专门的实训基地。尽管这是一笔一次性的大额投资,但目前许多高等职业学院在长期规划和整体观念上存在不足,各个学院、系、部门各处都各行其是,导致固定资产资源无法共享。根据教育部发布的数据,某些高等职业学院的教室、实验室和实训室的实际使用率仅为60%。因此,各个学院和大学只需进行合理的规划,无须额外投资,就能有效地解决实训基地存在的问题。

(2)在校企合作实训基地现场实训。

在实习阶段,学生可以与校外实训基地的指导教师(即会计人员)进行企业会计真实经济业务的会计处理工作,从而得到现场的指导和帮助,这是该方案实训的效果。由于学生能够亲自到现场进行实际操作和会计工作,他们可以将学校学到的会计理论知识应用到企业的实际会计工作中,这不仅培养了他们的会计岗位工作能力,而且实训效果非常显著。学生们亲身体验了企业的文化环境、价值观和精神内核,这使他们逐渐加强了对团队、合作、质量和安全文明生产的意识,并进一步推动了职业素养与技能的综合培养。

三、工学结合高职会计人才培养模式的路径选择

工学结合高职会计人才培养模式是指职业院校与行业(企业)密切合作,将学生的课堂学习与参加企业实际工作结合在一起,使学生能学到课堂中学不到的东西,并接受一定的职业训练,取得一定的工作经历,从而形成职业态度、职业能力和创新能力,顺利地完成学业,实现从学生生涯到职业生涯的过渡。工学结合的人才培养模式能够实现企业、学生、高职院校和社会的多赢,是 21 世纪我国高等职业教育的必然选择。

(一)工学结合人才培养模式的重要意义

教育部《关于全面提高高等职业教育教学质量的若干意见》提出把工学结合作为高等职业教育人才培养模式改革的重要切入点,这是高等职业教育理念的重大变革,是高职教育发展的必由之路。实行工学结合人才培养模式具有重要意义,其使学生将理论学习与实践经验结合起来,从讲授纯理论的课堂走进社会生产实践的第一线,以准职业人的身份参与实际工作。学生在工作过程中同时接受企业师傅的指导和学校教师的组织和管理,实现学习生涯与职业生涯的无缝连接。

通过实施工学相结合的方法,企业可以将其对人才的具体需求融入学校的人才培养计划中。企业有能力通过学校教育来培养符合自身需求的人才,从而为企业的未来发展储备高质量的人才资源。此外,企业还可以借助学校提供的资源,对员工进行专业培训,从而提高他们的文化修养。

通过实行工学相结合的教育模式,高职院校能够更好地利用企业的生产环境和职业氛围来加强对学生职业技能和职业道德的培养,从而将教育和培养的范围扩展到生产现场,实现真正的生产育人目标。工学与教育的结合不仅提高了学生被企业优先录取的可能性,还将学校的就业重心转移到了企业上,使得就业和教育更加紧密地结合在一起,体现了"以服务为核心,以就业为方向"的办学理念。

(二)高职传统会计人才培养模式存在的问题

我国的高等职业学院大多是由原中专校合并升格而成的,升格为高校后基本套用原普通高校传统的学科型培养模式,没有摆脱学科教学模式的束缚,仍然受知识系统性、学科性和完整性的制约。这样的模式显然不符合高职院校人才培养目标的定位。会计专业是高职院校普遍设置的一个专业,目前通行的传统会计专业人才培养模式存在很多问题。

1. 课程体系学科化

传统模式下的课程体系偏重会计专业知识理论体系,它往往通过设置一系列会计课程来完成,实施的课程主要是基础课、专业基础课、专业课,这些课程的课时数占总课时的比重通常在50%左右。素质教育等其他课程不但课时数少,而且经常是相对固定不变的。目前很多院校虽然加大了实习实训教学的力度,但由于受学科教育的影响,还没有按照实际会计工作岗位要求组织教学,实习实训的绝大部分内容是账务处理,其实是准则、制度讲解的延续,只不过是将平时做在作业纸上的作业改做在凭证、账册上而已。这种课程体系与高职会计人才的培养目标是不相适应的。

2. 教学内容理论化

由于受到"通才"教育观念的限制,教学内容依然过分强调理论知识的教授,过分强调知识的完整性和系统性,而忽视了其针对性和理论适用性,这导致了实践教学环节的效果不尽如人意。在教学过程中,我们主要集中于对准则和制度的详细解释,而对会计核算的内容给予了过多的重视。尽管对实践教学环节的培训有所增加,但教学的焦点并未真正转向实践技能的培训。教材的内容显得过时和陈旧,存在交叉和重复的现象,内容过多且理论过深,这不仅造成了教学时间和教学资源的浪费,还对实践教学的安排产生了负面影响。由于缺少对会计职位的深入了解和研究,以及没有根据会计职位所需的专业知识和特定技能来组织教学,实践课程的内容往往缺乏实际效果和针对性。

3.成绩考评试卷化

学生成绩考评基本上沿用传统的闭卷、笔试形式的期末考试评价方式,仅以一次成绩作为成绩评价标准,缺乏科学性,忽略了实践能力的测试。这种"纸上谈兵"式的应试教育,造成校方认为成绩优异的学生却被用人单位拒之门外的现象,呈现出严重的高分低能、校企人才评价标准脱节的现象。成绩考评体制的不合理严重影响了学生实际操作技能的锻炼和综合素质的提高,从而对学生的职业发展产生了负面的影响。

4.师资队伍单一化

教师没有实际会计、审计工作的经历,缺乏实际工作经验和操作技能,不能满足技能型人才的培养需要。教师在教学中照本宣科、鹦鹉学舌,传授的"技能"犹如空中楼阁,学生动手能力差,不能适应就业的需要;师资短缺,整体素质偏低,"双师素质"型教师严重不足。一些有能力的会计教师到企业做兼职会计,但学校往往不支持、不鼓励,还认为是在"干私活",甚至想方设法进行卡、管、限。其实,会计教师从事会计兼职工作正是他们获取会计实际工作经验、提高教学水平和实践教学能力的最佳途径,这是派送教师到企业进行一般的参观和实习所无法达到的。

要解决上述问题,必须跳出传统人才培养模式的误区,适应高职教育的培养目标,根据目标的职业岗位群和职业能力要求,从培养学生能力的角度出发,选择与专业技能、岗位实际紧密结合的教学内容。只有避免不必要的空洞理论的传授,采用"工学结合"人才培养模式,才能使我们培养的学生真正达到高素质、高技能要求。

四、高职工学结合会计人才培养模式的路径

针对目前高职会计专业的教育现状及存在的问题,高职会计专业在人才培养模式上要不断更新理念,强调能力培养,整合课程体系,体现基于工作工程、增强实践环节、适应社会需求,选择符合高职会计专业特点的工学结合培养路径。

工学结合有广义和狭义之分。广义的工学结合可以理解为工作过程

与教学内容的结合,它包括两个层次,分别是与今后工作岗位相适应的校内仿真教学和企业全真教学。狭义的工学结合仅指在企业会计岗位上教学。鉴于会计工作的特殊性,会计专业人才培养的工学结合以广义理解更为妥当,即通过充分的市场调研,把握职业岗位群和职业能力及岗位能力要求,根据能力要求确定培养目标,针对专业能力制定基于工作过程的工学结合人才培养方案,并且根据学习领域的情境实施以工作任务驱动的项目化教学,在此基础上通过仿(全)真的实训和顶岗实习来实现高职会计专业的培养目标,真正做到以就业为导向、以能力培养为本位、以社会需求为目标。

(一)根据培养目标的定位,制定符合人才规格的培养方案

通过与企业、行业专家共同研讨,真正明确高职会计专业学生的主要就业岗位群、应具备的能力及必须学习的知识领域(表5-1)。根据学生必须掌握的专业知识,设置专业岗位能力学习领域模块;针对提升学生的专业及人文素质,设置岗位能力拓展模块和职业素质教育与拓展模块;针对学有余力的学生设置岗位能力提升模块、基础技能知识拓展模块和专业能力提升模块。通过各模块的设置真正达到干什么学什么,缺什么补什么,要什么给什么。

表 5-1　高职会计专业岗位能力分解

	岗位基础素质	岗位专业能力	职业拓展能力
职业岗位能力	政治思想与职业道德	会计知识与基础技能	会计岗位适应与创新
	人文科学与身心健康	会计核算与信息化处理	分析问题与组织管理
	阅读写作与语言组织	财务管理与审计监督	职业生涯规划与发展
	团队协作与职业素养	经济与税收法律知识	继续学习与职业创新

(二)根据职业岗位工作要求,确定以工作过程为导向的专业学习领域

针对传统会计专业课程设置陈旧的特点,根据会计行业的常见岗位需要对教学内容进行改革,将相关课程基于工作过程进行整合,实现完全的学习领域化课程设置(表5-2)。如开设"会计认知与职业基本技能""出纳业务操作""企业经济业务核算""成本计算分析""纳税计算申报""会计信息化"等学习领域课程,并且按照工作过程的行为导向,采用工学结合的课程设计,有针对性地进行会计教学,使学生就业后无论从事什么相关职业岗位,都能快速达到职业要求,真正实现零距离就业。

表 5-2　高职会计专业基于工作过程的学习领域分解

职业岗位	岗位主要的工作内容	典型工作任务	学习领域
出纳	库存现金日常收付、办理银行结算、日记账登记、核对	从事货币资金业务处理	出纳业务操作
会计核算	筹资投资、费用支出、收入分配、财产物资、财务成果等经济业务的确认、计量、记录和报告	对日常发生的经济业务进行会计要素的确认、计量和记录	企业经济业务核算
	成本计算对象确定、成本项目确定、要素费用的归集与分析、成本计算方法选择、成本的分析	按照核算对象归集费用支出,进行产品成本计算和分析	成本计算与分析
	税务登记、票据管理、税种确定、税款计算、纳税申报	按照税法规定,计算申报企业的各种税款	税费计算与申报
会计监督	会计事前事中监督稽核、内部控制、内部审计	根据内控制度,进行会计检查和审计	内控检查与财务审计
财务管理	编制预算、筹集资金、投资项目分析、预算与成本控制、绩效考核评价、保障资金运行安全	按照财务目标开展财务活动	财务管理与分析

(三)根据工学结合的培养模式,实行以工作任务驱动的项目化课程教学

传统的会计教学及校内实训不能给学生真实的岗位体验,如何解决这个问题呢?将传统的理论教学和平时的阶段实训相融合,对各学习领域按照仿真的工作环境设计不同的学习情境,如"企业经济业务核算"学习领域可划分为"筹资与投资""采购与付款""销售与收款""收益与分配""会计报告与分析"等若干学习情境,以工作任务为驱动,融教、学、做于一体,按"六步教学法"实行项目化的教学。

(四)建立仿真的模拟实训和全真的生产型实践基地,进行工学结合的实践教学

我们建立了一个与学生规模匹配的模拟实训基地,其中包括会计模拟教学系统、会计岗位模拟系统、会计业务模拟系统、银行结算模拟系统和纳税申报模拟系统等。这些系统确保了会计各个岗位的业务都能在模拟实训中得到体现,并为学生提供了相应的模拟操作培训;我们还可以整合各个环节,为学生创造一个模拟的实训环境,并建议校内的模拟实训应雇佣企业的兼职教师来提供实际操作的指导。在此背景下,我们可以利用学校内部的教师资源,成立会计服务部门,创建学校的生产实践基地,并承接如社会代理记账、会计咨询和审计等的相关业务;组织拥有会计职业资格的学生,在会计教师的指导下,直接参与企业会计业务的处理和审计基础工作。

(五)建立校外实习基地,进行工学结合的感性认知和顶岗实践

为满足会计教育的实际需求,我们在校外设立了必要的会计实训和实习基地。这不仅为学生提供了会计专业的感性知识教育,而且在正式开始会计教育之前,学生可以亲身体验真实的会计环境,仔细查看会计资

料,并参观工作流程,从而对会计工作有一个基本的认识;从另一个角度看,学校内部的实训基地虽然在某种程度上能够增强学生的实践操作能力,但它仍然只是一种形式的实践。考虑到会计工作的独特性·不可能在单一企业中安排大量会计专业的学生进行实地实习。因此,有必要建立数量众多且满足实际需求的校外实训基地,为学生提供一个实际操作的环境。当学生在校外进行顶岗实训时,他们需要聘请来自企业的财务和会计专家作为会计实践的指导教师。会计专业的教师会定期进行巡回指导,以便随时了解学生在顶岗实践中的各种情况。

(六)实行双证融通,实务技能培养与职业证书集中培养相结合

与大部分行业不同,会计行业有严格的准入制度,即所有从业人员必须取得会计从业资格证,为解决这一问题,在校期间应将有关知识纳入"会计认知和基本技能"。在此基础上,开设证书培训课程,将"基础知识学习—岗位能力培养—从业证书培训"三项内容连成一体,以项目教学为主要教学方法,保障"双证融通"课程教学内容的有效落实。同时为了加强对学生的专业技能培养,要求学生在学习期间必须获得相关资格证书,为学生以后顺利就业打通职业门槛。这种以岗位技能训练和行业证书培训相结合的工学结合模式必将取得良好的效果。

五、工学结合高职会计人才培养模式有效运行的保障体系

(一)建立工学结合人才培养管理机制是关键

1.建立运行机制

要使产学研合作教育卓有成效,必须建立一整套可靠的管理机制和运作程序。运行机制是工学合作教育的基础,合作双方只有在思想观念上取得统一、方法程序上达成一致,营造融洽的合作环境,合作才能长久。因此,要建立一个统一良好的、保证正常运行的机制主要体现在以下四个方面。

一是建立思想机制。学校广大教职员工要在思想上切实形成实施工学合作教育是学校生存发展的必由之路的意识,创造良好的合作氛围,树立主动服务的意识,与合作单位建立良好的互助关系。合作企业也应深刻地认识到产学合作教育的最终目的是为企业培养会计人才,做好人才储备,推进企业发展,提高企业社会知名度,是对国家和人民有益的大事。一旦形成了合作教育统一的办学思想这一基础,再大的困难双方都能共同承担和解决。

二是建立双赢机制。合作是为了达到人才培养的 $1+1>2$ 的效果,即达到双赢的目的。因此,合作中要坚持互利互惠的合作原则,形成良好的利益机制。在合作决策行事过程中一定要寻找利益交汇点和共同点,使彼此都能获得利益,这样才能使利益矛盾和冲突变成利益的统一与和谐。彼此双赢,客我共利,才能获得合作发展的长远利益。

三是建立互动机制。合作教育旨在培育出既满足企业需求又与培训目标相匹配的合格会计人才,因此,双方的合作互动是不可或缺的。从一方面来看,企业有责任将人才培养整合到人力资源开发的全过程中,及时获取与岗位职业技术发展相关的最新信息。同时,企业还需要持续监控教育产品的输出过程,并不断地将企业对人才的需求、运营状况、技术发展趋势、市场动态以及企业文化等因素引入学校,以引导学校在专业设置、培养模式和实践教学等多个方面做出正确的定位。从另一个方面来看,学校需要确立服务于区域经济增长和企业发展的核心理念。学校应密切关注企业需求,深入研究应用型人才的生成规律,并致力于实现专业设置与社会经济发展、教学内容与职业技能需求、实践教学与职业岗位之间的无缝对接。学校还应不断寻找合作教育的最优模式,以便为社会和企业输送高质量的员工。

四是建立师资引进、培训机制。在发达国家的职业教育体系中,教师不仅是商业领域的创业者或某个特定领域的技术专家,同时也是由教育学院培训出来的,是具备深厚的文化底蕴和专业技术能力的全职教育工作者。在美国的职业教育体系中,只有完成了大学本科或硕士研究生的学业,并接受了教育学院以及实践环节的专业培训,教师才有资格成为职业学校的教员。此外,教师需要每2～3年进行一次教师资格的考核,并确保获得连续教学的合格证书。教师团队的专业水平直接决定了工学合作教育的整体品质。因此,在合作教育中,双方应根据各自的专业技能需求,从共同成长的视角出发,共同构建教师培训体系,以形成一支具有高教学水平和强大技术能力的"双师型"教育团队。对学校来说,一方面,需要改革招聘机制,聘请具有丰富实践经验的会计师作为操作技能教学的指导教师,建立一个"双师型"教师队伍;另一方面,我们必须承担起责任,按照既定的计划和步骤进行,确保为现有的教师提供持续的进修和培训。根据教师的具体情况,可以选择不同程度的进修,如长期与短期、在职与脱产、系统化与部分培训等多种方式交替进行。在假期中,我们还会派遣专业的教师进行任务指导,目的是有针对性地在地下企业进行实习,从而提高教师的知识储备和专业技能。对企业而言,他们应当承担起为合作教育选拔顶尖会计师进行教学的责任,并积极地为大学教师提供实习机会,同时也可以通过合作研究等途径来共同提高教师团队的专业水平;另外,我们还可以安排企业的兼职教师到学校进行专业理论的教学,以及高等教育学和高等教育心理学的进修,以提升教学质量。

2.制定制度管理体系

制度是规范工作程序,使工作不至于出现偏差的尺子。因此,要使工学合作教育顺利实施,运行机制得以落实,合作双方要制定一套行之有效的规范管理制度,主要包括以下内容。

(1)教学管理制度。

教学管理制度是工学合作教育管理的重要环节,其管理目标是保证培养方案中所要求的理论和实践教学内容得以实施。双方要充分研讨,共同建立一套涉及教学工作各个环节的教学管理制度,尤其是积极推行适合学生创业、为教学改革创新带来柔性管理的学分制管理制度。

(2)"1＋n"管理制度。

"1＋n"管理制度即建立学历证书教学内容与职业资格证书培训内容

相互融合沟通的制度,将职业能力的硬性指标和相关技能证书的内容转化为学历教育的教学内容。可以将会计证、初级会计师资格证、高职院校英语证、计算机文化基础证以及普通话证等证书的取得都作为学生毕业的必要条件,实现"一教多证""一专多能"的教学目标。

(3)学生管理制度。

学生管理制度是涉及培养什么人和稳定工作的大事,其管理目标是建立起包括学生在企业实习期间的思想政治工作、学习、生活和安全工作在内的全方位管理。制定的学生管理制度既要科学严格,又要充分体现人性化。在校管理要落实到班级,由班主任负责;实习期间管理要落实到小组,由组长负责。通过思政教育制度、组织纪律制度、日常生活制度和安全管理制度的实施,真正实现思想工作有人做、组织纪律有人管、日常生活有人问、人身安全有人抓的全方位管理的育人局面。

(4)师资管理制度。

建立一支专业与技能相结合、稳定高水平的师资队伍是学校与企业双方共同的目标。因此,要通过制定教师行为规范、教师绩效考核、进修培训等师资管理制度,不断提高教师的业务水平和工作积极性,确保工学合作教育的内容不打折扣的落实。

(二)完善的教育教学评价系统是保证

根据高级应用型会计人才的培养计划,我们需要从参与工学合作教育的人员、教学内容、实施过程以及雇主的视角,对人才培养的质量进行全方位的评估。因此,教育教学评价系统应从高职学院、合作教育企业和社会的评价三个维度出发,构建一个包括人才培养方案评价、人才培养过程评价和社会评价在内的三个评价体系。经过深入的调查研究,我们吸取了一些高等职业学院在工学合作教育方面的实际操作经验。此处提供了一个关于高级应用型会计人才培训质量的教学评估系统的基础结构。

1.人才培养方案评价系统

由行业和企业专家领导、技术骨干、学校专业负责人等人员组成的各专业指导委员会实施评价,主要从专业定位是否准确,培养目标及学生知识、能力、素质结构是否符合用人单位的要求；教学内容是否必需、适用，是否满足培养目标；专业课教学的针对性和新知识、新技术是否体现；课程设计和教材是否科学合理；是否体现教学大纲要求等方面对人才培养方案涉及的培养计划、教学大纲、课程设计等内容进行全面论证。

2. 教学过程评价系统

教学过程总体上可分为校内理论与实践教学和校外生产实习教学两个环节，因为这两个环节的教学环境、教学手段和教学实施者不同，因此，要分别进行评价。

(1)校内理论与实践教学评价。

校内理论与实践教学评价主要是对教师的理论与实践教学过程、学生知识基础和基本技能掌握情况、学生综合素质培养情况三个方面进行评价。

由学院主管或分管领导、教务处、督导室、系部等相关人员组成理论与实践教学评价工作组，每学期对教师的理论与实践教学过程进行一次评价，主要通过听课、日常的教学工作检查、学生的教学反馈信息等途径实施，并将评价结果与教师学期和年度考核、职称晋升等挂钩，起到激励先进、鞭策落后的作用。

由教务处、各系部教学单位按教学计划进行学期期中、期末考试，评价学生的基础知识和基本技能。

由学生处和团委具体负责，教务处和各系等相关部门人员协调配合，每学期一次，对学生综合素质进行评价。主要从思想道德素质、业务能力素质、文化素质、身心素质四个指标和若干个分项要素出发，以权重系数方式综合评价。

(2)生产实习教学评价。

生产实习教学评价主要是对企业兼职实习指导教师的教学情况以及学生在生产岗位实习考核、毕业设计(论文)和期间的综合素质进行评价。

首先，对企业兼职教师实习教学的评价，可由学校教学督导室和校企成立联合教研室，采取听课及学生教学反馈的途径实施。其结果与教师教学课酬和聘任挂钩,教学效果不好的解聘,保证生产实习的质量。

其次,学生生产实习考核由实习单位指导教师实施,从学生劳动纪律、工作态度、团队合作和创新精神、解决实际工作问题的能力、实习计划明确规定的操作规程和技能掌握程度等方面进行综合评价。

再次,学生毕业设计(论文)的评价应组织生产实习企业会计师参与的答辩委员会负责实施,主要从利用所学知识解决了哪些实际问题、产生多大价值、题目难易程度等方面做出评价。

最后,将校内理论与实践教学评价和生产实习教学两个环节学生的综合素质评价汇总,给出学生综合素质的总体评价,为优秀学生评比提供重要依据。

3.社会评价系统

高职会计毕业生能力到底如何?社会和用人单位最有发言权,因此,建立社会评价系统极其重要,是高职院校反映人才培养存在哪些问题的最直接、最快捷的重要渠道。社会评价的参与主体是行业及社会考证机构、用人单位和毕业生,可从以下三个方面开展社会评价。

一是考证机构能力检验。按照"双证书"要求,组织学生参加行业规定的助理会计师职业资格考试,检验学生的技术水平是否达到职业必需的能力要求,并通过考核检查该专业设计的知识和技能与职业标准之间存在的不足。

二是聘用单位实际评价。即由学校专门组织连续多年(5～10 年,甚至更长)定期走访用人单位,跟踪毕业生工作情况,对聘用的毕业生进行工作实践的考察。企业安排毕业生所在岗位的有关领导,根据实际工作表现,从政治思想、业务能力、文化素养、身心健康四个方面对其做出全面的评价。学校根据这类专业的毕业生评价数据,可正确地分析学校在人才培养过程中存在的不足,及时制定措施,加以纠正。

三是毕业生自我评价。毕业生通过长期的工作实践,最清楚在校所学的知识和技能哪些适用,哪些无用,以及还存在哪些缺陷等。学校要建立毕业生回访制度,由毕业生对自己在校所学的知识和技能与工作实际需要进行对比评价,并对学校的教学内容等提出自己的建议。这种评价结果对学校的教学改革具有很好的借鉴作用。

此外,要充分发挥社会评价系统的真正作用。学校一定要保持一种诚恳、谦虚的姿态与社会评价单位和毕业生个体建立良好的关系,使这一评价系统正常运行,获得真实可靠的评价结果。

这种由产学合作单位、用人单位、行业及考证机构、毕业生和学校的教学督导部门多方共同参与、构建的内外统一、相互促进和约束的教学评价机制还具有广泛的社会意义,能吸引社会各行各业的关心、支持并参与高职教育,拓展高职院校产学研合作教育的途径和范围。

(三)政府立法保障工学结合人才培养模式的实施

学校与企业合作教育的有效实施,须借鉴国外先进经验,通过中央政府或地方政府以法律或法规的形式加以保障。

(四)做好就业指导,帮助学生顺利就业

就业指导是关系到毕业生能否充分合理就业,提升就业率,提高就业质量的一项重要工作。学校要贯彻"全程化、课程化、个性化、网络化"的原则,建立一个全面、系统、持续、有序的就业指导教育过程,即把就业指导贯穿于从招生宣传到学生入学直至毕业的整个过程之中;把就业指导的内容以课程的形式纳入整个教学计划,向学生进行系统的讲授;依据学生个人能力、兴趣、发展潜力,指导学生选择适合自己的专业或职业;利用现代信息网络这一迅速、便捷的重要载体,充分为学生提供全方位的就业指导和就业服务。

第三节　职业本科会计人才培养模式

教育部制订的面向 21 世纪教育振兴行动计划指出:党的十一届三中全会以来,我国的教育事业取得了显著成就,但是我国教育发展水平及人才培养模式尚不能适应社会主义现代化建设的需要,因此,振兴我国教育事业是实现社会主义现代化目标和中华民族伟大复兴的客观要求。21

世纪的知识已不再是传统意义上的知识量的多少,会计人才也不仅是掌握会计知识的多少,而是利用会计以及相关知识解决实际问题的能力。随着社会经济的不断发展,市场对会计人员的素质要求正在发生着深刻的变化,传统的会计教育受到了极大的冲击。在这种背景下,会计教育的研究成为现代会计学术研究的一个重要组成部分,国内会计教育界正在深入研究会计教育改革的问题。本节针对传统会计教育的不足以及社会经济发展的趋势,探讨对高等院校应用型本科会计人才培养模式改革的一些粗浅设想。

一、传统的本科会计人才培养模式的不足

(一)偏重会计专业知识教育

传统的会计教育往往通过设置一系列会计课程来完成。在教学方案中,会计课程的课时数占总课时的比重通常在50%左右。在教学方案中尽管有部分经济学、管理学及信息使用的课程,但课时数较少,而且内容往往是相对固定的,同时学生对其重视程度远不如会计课程。

(二)偏重基本理论基础技能的教育

在传统的会计教育模式下,课堂教学采用传统的严格按逻辑顺序、知识的理论性、系统组织教学的课堂教学模式,考核方法基本采用期末考试的形式,学生也许学会了怎样编制分录、怎样编制报表,但在如何利用这些生成的信息帮助解决日益复杂的企业与会计问题方面则显得不足。

(三)课程之间的联系性较差

传统的会计教育模式下,各门课程之间尽管在内容上可能做了协调,但各自为政,忽视了彼此之间的融会贯通和综合能力的培养,学生很难将所学知识进行整合,形成自己的一种能力。例如,在"会计学"中只讲授与会计业务有关的个税知识,而"税法"中只从经济法的角度向学生传授单纯税法的内容,却没有将二者很好地联系起来,这样就会使学生在实际从事税务会计时感到无所适从。

(四)缺乏对学生实践能力的培养

传统的会计教学模式是以教师为中心,以教科书为依据。在这种模式下,教师按部就班地分步来讲授课本知识,等到课程结束时学生也不一定能够形成对该门课程的一个总体认识。更难实现分析问题、解决问题的能力。这不得不让我们对传统会计教育模式究竟教会了学生什么而产生疑问。

二、对应用型会计人才培养模式的构建

鉴于传统的本科会计人才培养模式存在着很大的弊病,束缚了本科会计学生的发展,因此必须进行应用型会计人才培养模式的改革。现从以下几方面探讨对应用型会计本科人才培养模式的构建。

(一)会计人才培养目标模式

会计本科教育培养的是适应社会需要的应用型本科会计人才,其人才培养目标应体现为"厚基础、宽口径、高素质、强能力"。其内涵应具体体现为"厚基础",即要具备扎实的会计专业基础理论知识;"宽口径"是要拓宽学生的知识面,相近学科专业打通培养,增强学生对经济发展和社会需求的适应性;"高素质"则是加强学生人文素质和科学素质教育,提高其文化品位和素养;"强能力"则是训练学生获取知识的能力、综合应用知识的能力及发展创新能力,将学校教育与社会实践相结合,培养学生对社会的认识及适应能力。

在此基础上,应用型会计本科人才的培养目标应定位为:以满足社会需求为导向,培养面向市场经济中企业和组织需求的具有开拓精神和创新意识、良好的职业道德、相关的专业知识并掌握学习技能的高素质应用型会计人才。

(二)教学选择模式

教学模式是教学理论和教学实践的综合体。一种教学模式总有一定的理论主张、理论倾向和理论依据。影响教学过程的诸要素在时空上的

组合方式直接影响着学生学习的积极性和主动性,影响着教学效率和质量,关系到教学目标是否实现,教学任务是否完成。所以会计教学模式应根据课程特点、教学内容特点来构建,主要可从以下几个方面入手。

1.构建以培养能力为中心的教学体系

在教学过程中,将传授知识、培养能力和提高素质既相对独立又有机地结合起来,构建以培养能力为中心的教学体系,体现多层次、个性化的培养特征。构建和完善以提高基础理论和基础知识为目标的理论教学体系,以提高基本技能与专业技能为目标的实践教学体系,以提高综合能力和拓展专业外延为目标的素质拓展体系,构成人才培养的总体框架。

2.改变现有教学方法,提高专业能力

在会计学中,传统的授课方式是使用黑板进行书写。在过去的教育实践中,这种教学方法已经发挥了不可或缺的作用。然而,随着信息时代的兴起,全球各国都在积极推进教育改革,例如,采用多媒体网络教育系统和远程在线教育学习系统。学生可以通过电子邮件、电子布控系统、计算机媒体会议、声音图示或视频电话会议、远程数据库访问以及最远距离的世界广域网来进行学习活动。在我国,计算机辅助教学软件已经广泛应用,因此,从事会计教育的专业人士应当抓住这一有利时机,迅速构建适应信息化社会需求的高效教学模式和手段。这包括在教学过程中加强实验操作,运用财务软件进行教学,组织课题讨论和课堂互动,以及在不同学科的关键环节进行操作练习和综合模拟操作,以增强学生的感性知识并提升其专业能力。

3.改变教学内容,增强品质能力

在错综复杂的社会中,怎样以自身的能力来适应社会的变化,适应社会的选择,这需要培养学生良好的素质。在教学内容上除了教授专业课程之外,可增设公共关系学、领导学、心理学等课程,使学生能够经受社会竞争压力的挑战,能够面对困难和挫折,勇于开拓进取。

4.改革教学管理模式,适应新的会计教育模式的需要

新的会计教育模式强化了教学的灵活性,增加了教学活动的复杂性,为与新的教学模式相适应,教学管理工作要根据新模式下教学活动的特

点进行改革,为新教育模式的推行保驾护航,同时起到监督的作用。

5.实行学分制教育

学分制是指在高等院校相对于学年制实行的教育制度。实行学分制有利于调动学生的积极性,有利于人才培养的多样化,有利于学生个性的发挥,而且与"大众化"教育的要求相适应。同时可以较高程度地实现个性化教学,激发出学生最大潜能;可以最大限度地解决学习任务和学习能力之间的矛盾;可以最大限度地培育学生的道德、能力和创造力;有充分的空间让每个学生深入、细致地掌握、领会知识,将知识理解透彻。

6.构建教学质量监控体系

为了更好地规范教学流程并确保教学品质,我们应当建立一个全员参与、全面覆盖、全程监控的应用型人才培养质量体系。教学质量的监控体系具有"全员参与"的特点,也就是说,监控的主体应由学校的主要领导作为首要责任人,并由全校的所有部门和所有成员共同参与;质量监控体系应当是一个"全面"的体系,它不仅要监控教学过程,还要关注生源、师资、设备等教学投入要素以及考核、就业反馈等产出的质量;质量监控体系应当是一个"全程"的系统,也就是说,从教学的基础阶段开始,从市场需求的调查、专业结构的优化,到人才培养计划的制订,再到考核评估,以及学生的就业情况和雇主的反馈,都需要进行持续的监控。只有这种全员参与、全面覆盖、全程监控的方式,才能有效地确保学校在人才培养方面的质量得到提升。

(三)考核评价选择模式

目前,我国绝大多数院校采用德智体量化综合测评的方式考评学生。这种制度尽管比较直接规范,透明度和公平性都较高。但也不能忽视它的反面导向作用——学生唯"分"是图。加之现在的考试制度主要考查学生知识量的多少,因此,从总体上讲,目前我国的教育评价制度与素质教育尤其是创新教育是不适应的。教育评价制度改革的方向是变静态、单一、应试式的评价制度为系统、动态、多样化的评价制度。

1.评价内容的全面性

不仅应评价所学知识的多少和所学内容的熟练程度,还应评价其综合运用知识解决问题的能力。

2.评价过程的动态性

教学过程中的恰当评价有利于教学双方总结经验、调整方法,提高教学效果,因此对本科会计学生的考核和评价不应该只在期末或某一固定时间进行,而是要不定期、随机地完成,以便能够准确地掌握学生的学习能力。

3.评价方法的多样性

评价方法包括以考试的方式考核学生对知识的掌握程度,以实验方式考核学生知识的运用能力,以案例方式考查学生分析问题、解决问题的能力,以实习的方式来了解学生对知识应用的程度和社会实践能力。

4.评价指标的系统性

评价指标要尽可能覆盖反映学生知识、能力、素质的各个方面,除学习成绩外,还应包括社会工作能力、科研创造能力、文体素质等方面。

(四)教师选择模式

一旦确定了教学模式和考核评价模式,教师便成为了决定性的关键角色。所有的教学活动和效果评估都是由教师来完成的。不同的教学方法需要教师展现出独特的素质和技能。因此,在确定了教学模式后,我们需要根据各种模式的特性来选择合适的教师。在构建应用型会计人才的培训模式时,首要任务是转变教师的角色和职责。为了达到教育的既定目标,教育者需要摒弃传统的、单一方向的授课方式,寻找一种以学生需求为核心,注重能力培养的方法。在教授知识的过程中,也要注重培养学生的实际应用技能,使他们从仅仅是课堂上的说教者和控制者逐渐转变为教学的示范者,学习的组织者、指导者和引导者。

第四节　民办职业院校会计人才培养模式

一、我国独立学院会计人才培养现状及培养模式构建的动因

(一)我国独立学院会计人才培养的现状

目前,我国独立学院会计人才培养方面存在的问题较多,在一定程度

上制约了独立学院会计办学规模的扩大,阻碍了独立学院会计人才的发展。结合我院会计人才培养情况,具体表现在以下几个方面。

1. 缺乏针对性的会计人才培养计划

人才培养计划是高校培养人才的指导性文件,人才培养计划的优劣对高校培养人才的质量有直接的影响。根据调查发现,目前各独立学院的会计人才培养计划大多沿用公办高校本科教育的会计人才培养计划,缺乏独特的、专业的会计人才培养计划。像我院至今已培养王届会计专业毕业生,但仍旧采用母体高校培养计划的翻版,没有实质性的改动和创造,缺乏独立学院的现实性。

2. 目标与社会需求不一致

由于独立学院在会计专业人才培养目标方面定位过高,只注重教会学生理论知识,却忽视了教会学生如何应用这些知识。其结具导致独立学院会计专业毕业生未能达到社会的要求,最明显和直接的后果就是会计专业毕业生就业困难,用人单位抱怨独立学院毕业生理论知识不扎实、动手能力差,必须经过一段时间的历练才能委以重任。如我院 2005 级会计专业毕业生在北京一家单位面试时,用人单位问"什么是会计工作",该毕业生答不出,更谈不上动手操作了。然而我院每年会计招生人数却大幅增加,已从第一届 2002 级的 85 人增加到 2009 级的 650 人,这种只注重数量不注重质量的形式,势必导致这种结果。

3. 学科结构单一,会计人才知识面狭窄

独立学院在会计人才知识结构的设计上基本沿袭传统的"基础会计—中级财务会计—高级财务会计"的框架,侧重于会计专业知识的介绍,人才培养过于形式化,缺乏从事现代会计工作所必备的基础知识与理论知识,如管理、金融、证券与投资等方面的知识和综合技能。

4. 会计职业道德教育重视不足

目前,独立学院在会计专业教育中,会计职业道德教育属于薄弱环节,没有专门的课程体系和实践教学,职业道德修养方面缺乏针对性和专业性,直至目前我院从未开设过会计职业道德方面的课程,也没举办过这类的讲座。导致学生对相关法律规定缺乏了解，社会责任感不强，加大了会计信息失真、人格扭曲的现象。

5. 教学内容中及课程间相互衔接不够

从教学内容上看，独立学院所采用的会计专业教材版本太多，存在着某些教材内容的重复，如《财务管理》《管理会计》和《财务报表分析》等方面存在内容交叉的现象，有的内容重复造成教师在教学中要么依据教材内容重复讲授，要么以为其他课程会涉及此项内容而不讲授，从而造成某些教学内容的重复或遗漏，教学效率不高。

6. 在教材建设方面进展不大

绝大部分独立学院所使用的教材大多沿用一本、二本本科生所用教材，这些教材并不很适合对独立学院的学生的培养需要。我院在教材选购方面几乎都是采用"211"之类高校使用的教材，并且也不固定，采用谁上课谁选购的方式，缺乏独立学院的适用性。

7. 教学方法或手段过于陈旧

独立学院会计教学仍然采用板书为主的教学方法，主要还是沿用教师教、学生学、教师写、学生记、重理论、轻实践、整天围绕课堂转的传统教学方法，培养出来的会计学生只会死记硬背，照本宣科，其结果是束缚了学生的思维，不利于激发学生发散性思维，严重束缚着会计人才的培养。

8. 实训环节薄弱

在学校的实训环境中，会计实验室的设备并不齐全，其实训内容过于单调，使用频率也相对较低，但某些独立的学院并没有设立会计实验室。对于会计专业的学生来说，在校外实训基地进行大量实习是一项极具挑战性的任务。由于与工业企业的实质性合作相对较少，这使学生很难全面了解企业和事业单位在经济活动会计核算方面的各个环节，也无法实现真正意义上的顶岗实习，从而使得校外实习仅仅成为一种形式。此外，我们还缺乏一套完整且标准化的实训教材。从当前独立学院所采用的会计实训教材来看，确实存在着内容过时、层次不够和缺乏针对性的问题。不仅校内实验室设备匮乏，校外的实训活动也完全缺乏。

9.师资队伍力量不足、素质不高

很多开设会计专业教育的独立学院缺乏专业教师,为了弥补不足,在引进教师时要求很低,根本没有学科建设能力,尽管如此,师资队伍依然紧缺。况且很多教师都是毕业后直接走上讲台,自己缺乏实践的锻炼,所以在教学的过程中往往不能很好地与实践结合。以我院会计专业为例,目前,会计专业共有教师 5 人,其中硕士 2 名、本科 3 名,而会计专业学生人数近 1 500 人;绝大部分教师是由高校的毕业生直接走向教学岗位,虽然具有一定的会计理论知识,但会计实践能力相对匮乏。

以上这些问题是独立学院目前存在的普遍现象,结果导致培养出来的会计人才缺乏特色,高分低能,无应用性和创造性。

(二)我国独立学院会计人才培养模式构建的动因

目前,我国独立学院会计人才培养面临着诸多影响因素。

1.知识经济的发展对会计人才培养提出了新的要求

知识经济是与农业经济、工业经济相对应的一种经济形态,它是建立在知识与信息的生产、分配和使用上的经济。其最重要的特征是将知识转化为资本,成为经济发展的主要推动力。知识经济的到来,为各行各业带来了很大的变化,同时也为会计行业带来了巨大的冲击。

(1)知识经济时代要建立起应用型会计人才是资本市场支配者和企业生命主导者的新型理念。

随着我国经济制度的演变和改革开放政策的进一步推进,会计的角色和功能也在不知不觉中发生了变化。单纯地对经济业务的整个流程进行核算、展示和监控,并真实反映其经营效果的会计方法,已经不能满足知识经济背景下社会主义市场经济的发展要求。在知识经济的背景下,应用型会计专业人士需要改变他们的工作观念,确立一个宏观的视角,拓宽企业的财务管理思维。他们应该从微观层面的具体会计核算活动中解放出来,转向宏观层面的全方位企业管理,以便更好地管理资金流动,提升企业的活力,并最终成为资本市场和企业利润的主要创造者。

(2)知识经济时代计算机的广泛应用和现代信息技术的形成要求应用型会计人才熟练掌握会计电算化并运用会计网络传递会计信息。

会计电算化使会计由手工记账的"原始社会"进入计算机会计处理的"文明时代"。

通过会计电算化,我们能够迅速且准确地处理会计信息,从而避免了复杂的手动记账流程,加速了会计数据的处理速度,确保了会计信息的高质量。这一技术突破了传统手工计算在处理复杂问题上的局限性,使得原先简单明了的计算方法得到了进一步的完善,使其能够更精确地模拟和反映企业的经济活动。在21世纪的知识经济背景下,会计的网络化实施导致了会计信息的共享,这标志着会计领域的一次巨大转变。会计网络化代表了会计电算化的高科技进步,它为全球的投资者提供了一个平台,使他们能够通过网络深入了解企业的财务健康和经营表现;这使得企业能够轻松地将其财务状况分享到全球各个角落。

(3)知识经济条件下,计算机和网络的普及大大减少了会计核算的工作量,使会计工作重点由核算转变为对会计信息的分析和财务管理,实现了会计由核算型向管理型的转变。

由核算型会计转变为管理型会计,就是将会计工作的重心由传统的对会计信息的加工转变为对会计信息的分析、运用。在一个完善的资本市场上,企业管理以财务管理为中心,会计的功能不仅仅是反映经营成果,更多的是参与企业管理。据有关资料记载,在美国大企业只有29%的会计人员从事会计报表,71%的会计人员从事资本运作、财务管理和预算管理等管理工作,而且美国约有70%的公司总裁是来自财经方面的专家,而且是以会计行业的专家为主。知识经济时代是经济飞速发展的时代,是知识创造利润的时代,运用客观、真实的会计信息进行财务分析、财务预测、财务决策,并将其运用于企业管理,不同层次的应用型会计人才为企业创造出不同的利润。

2.经济体制改革改变了资源配置的市场环境,人力资源的地位和作用开始显现,为会计人才的培养目标与模式的建立提供了新的思路

经济体制改革改善了市场环境,建立和优化了经济行为在市场活动中的"游戏规则",调整了人力资源的配置比例和人力资源的知识结构,会计理论、会计方法和对会计行为规范的要求等也随之发生了许多变化,这些变化要渗透到经济活动中去,应用型会计人才是直接的传递者。

(1)应用型会计人才培养目标的确立应充分考虑市场对人力资源需求的现状。

知识经济时代社会经济发展的直接动力就是人,人是科学技术的创造者,是最先进生产力的代表者。应用型会计人才既是经济信息的主要提供者,又是实施会计教育行为的结晶。考虑和研究市场对人力资源的需求现状,首先可以使社会得到所需的应用型会计人才;其次,可使学校实施的教育实现社会效益最大化。任何一种行为,只要使社会效益最大化,即使没有眼前的经济效益,也会实现一种良性循环,最终实现经济效益和其他效益的最大化。生产力和生产关系相互作用促进社会经济发展。人力资源是相对于土地资源和水资源等物质资源的一个概念,同属于无形资产的范畴,但人力资源的价值是不可估计的,人力资源能创造出巨大的财富。

(2)经济体制改革使应用型人才的培养目标成为学校和用人部门共同确定和研究解决的问题。

①高中教育之后进入社会之前所接受的教育,其培养目标的确定要着眼于如何将培养出的人才推向社会。推向社会是基本的定位,要想推向社会,其方式方法很多,但最基本的是社会用人单位和部门对人才的需求,要把学校的培养行为转变为学校和用人单位的共同行为。例如,由学校招生实施教育,教育结束后,把学生推向社会,这一行为转变为企业定人才类型、人才规格、人才数量,委托学校招生和教育的"订单式"教育行为或过程。

②应用型会计人才的后续教育,其培养目标的确立要着眼于如何提高被教育者的理论水平、实践能力,开拓被教育者的专业思路。经济体制改革和我国社会主义市场经济活动的发展和完善使终身教育成为必然,后续教育是终身教育的重要组成部分,终身教育有被动接受者和主动接受者两种类型,然而无论是被动的还是主动的,都是由于用人部门或单位所需的人才和正在拥有的人才产生差距而急需改善人才状况所造成的。

(3)只有完全摒弃仅依靠学校的力量培养应用型会计人才的思路,才能真正找到培养适应经济体制改革需求的应用型会计人才的途径。

学校依托企业办学或干脆转变为企业办学校,成为应用型人才培养的主思路,应用型会计人才作为经济活动、经济信息提供的主体,其培养行为的市场依赖性将会更强。例如,现有经济发展条件所需的"收银员"与计算机技术普及前需要的"收银员"在知识结构、理论水平、操作能力上的要求就有许多不同之处。经济体制改革了市场环境中的"游戏规则",改变了市场对人才需求的层次及人才素质的要求,改变了应用型会计人才的培养目标。

3. 全球经济一体化为会计人才的培养创造新的发展机遇

(1)全球经济一体化扩展了应用型会计人才的活动平台。

我国加入WTO(世界贸易组织)后,会计作为一种商业通用语言参与国际的经济交流;会计人才作为经济信息的提供者,市场将由有限的国内发展空间引向国际发展空间,这对应用型会计人才提出了更高的要求,如语言能力的要求,适应环境变化的要求,从而对作为生产应用型会计人才的会计教育提出了新的思考,如何去适应环境的变化等问题摆到了议事日程上来。

(2)随着国际办学机构进入我国市场,我国应用型会计人才的培养竞争愈加激烈。

加入WTO后,我国的教育市场逐渐开放,大量国外的办学机构涌入我国,都来争先恐后地分吃中国市场这块大蛋糕,无形中对我国教育事业造成了压力。国外的办学机构有着与我国培养目标与模式不同的办学思路,有着不同的教育方法和教学体系,有着与中国教育机构不同的吸引力。还有些经济较发达的国家,他们有着先进的会计理论体系和会计实务知识,这些都为我国本土化的会计教育带来了冲击。

(3)全球经济一体化使应用型会计人才的培养工作实现跨国界的转变。

外国的办学机构可以进入中国办学,中国的学校也可以走出去;同时,外国的学生也可以到中国来学习,中国的学生也可以到国外去学习,从而实现会计人才培养和受教育者接受教育的真正全球化和国际一体化。

正是由于以上这些因素,致使我国新型的办学机构——独立学院在会计人才培养方面寻找适合自己的、有特色的会计人才培养模式。

二、独立学院应用型会计人才培养模式实施要点

(一)树立正确培养目标

以市场需求为基础,以提高会计学专业毕业生的核心竞争力为导向,以专业应用能力和基本素质培养为主线,通过学历教育与资格教育相结合、理论教育与实践教育相结合构建高素质应用型会计人才培养模式,如表 5-3 所示。

表 5-3　应用型会计人才培养模式

应用型会计人才培养模式	
一个导向	提高毕业生的核心竞争力
四种技能	财务会计核算能力
	成本管理会计核算能力
	财务管理与财务分析能力
	纳税申报与审计能力
两个结合	学历教育与资格教育结合
	理论教育与实践教育结合

1.将学历教育与会计职业资格教育相结合,构建复合型理论教学体系

随着就业压力的增大,职业资格考试热潮已经波及大学校园。某权威网站的调查显示,注册会计师资格证、国际注册会计师证被列为最受大学生青睐的证书之一。这对高校本科学历教育是一次前所未有的冲击和挑战,高校对此不能轻易拒绝,也不能无动于衷,将会计职业资格教育融入会计学历教育中来,不仅不会淡化应用型会计人才的培养,还可以优化应用型会计人才的培养模式,进而培养出更多的、更优秀的高素质应用型会计人才。现在国内的会计职业资格分为三类:会计从业资格、会计专业技术资格和注册会计师资格。与此同时,为给会计专业学生的就业创造条件,近年来各地相继出台允许在校大学生参加注册会计师统一考试等方面的制度;2004年国家允许在校大学生参加助理会计师统一考试;2005年国家又对会计从业资格证书的取得进行改革,会计专业毕业生由毕业后两年内直接申领调整为通过加试部分科目取得。由此可见,学生之所以热衷于考取各种会计资格证书,实际上是来自一种就业的压力。就独立学院而言,如果能把会计职业资格教育融入会计学历教育中来,不但可以丰富教学内容,而且能为学生参加相应的会计职业资格考试提供便利,使学生毕业时就拥有一本或两本相应的职业资格证书,也使就业提高了竞争力。目前,根据国内会计职业资格考试政策规定和学生的自身条件,能够在校参加的三级会计职业资格考试时间大致如表5-4所示。

表5-4　会计资格证书报名与考试时间

资格类型	考试课程	报名时间	考试时间
会计 从业资格	《会计电算化》《会计基础》《财经法规与会计职业道德》	每年3月和9月	每年6月和11月
助理 会计师	《初级会计实务》 《经济法基础》	每年10月左右	次年5月

续表

资格类型	考试课程	报名时间	考试时间
注册会计师	《会计》《财务成本管理》《审计》《经济法》《税法》《公司战略与风险管理》等	每年4月左右	次年9月

根据表5-4的考试时间安排,一般的会计本科教学计划均在大一开设基础会计学,就此,设计了将会计职业资格教育融入学历教育中的专业核心课程教学计划,见表5-5。

表5-5 融入会计职业资格教育的专业课程教学计划

学年与学期		专业课程体系	专业资格考试
第一学年	第一学期	公共课	—
	第二学期	公共课、专业基础课	会计从业资格证书(报名)
第二学年	第一学期	初级财务会计、经济法	会计从业资格证书(考试)
	第二学期	中级财务会计、税法	注册会计师(报名)(经济法、税法)
第三学年	第一学期	高级财务会计、成本会计	助理会计师(报名)注册会计师(考试)(经济法、税法)
	第二学期	财务管理、管理会计	助理会计师(考试)注册会计师(报名)(会计、公司战略与风险管理)
第四学年	第一学期	审计、财务分析	注册会计师(考试)(会计、公司战略与风险管理)
	第二学期	毕业综合实习	注册会计师(报名)(财务成本管理、审计)

以上教学计划使会计学历教育与会计职业资格教育得到很好的协调,更加突出了会计毕业生将来胜任会计岗位的四大核心竞争力课程。另外,通过以上教学计划的实施,不仅可以为社会输送更多的优秀会计人

才,还能为高素质应用型会计人才的培养探索出一种新的模式。

2.将理论教学与实践教学相结合,构建系统性的实践教学体系

会计专业的学生不仅需要具备坚实的经济理论基础和专业知识,还需要有较强的实践能力,这样才能使学生在毕业后以最快的速度和最短的时间适应工作的需求。培养学生的实践能力是一个综合性的大工程。为了提升学生的全面素质,并培育出具备创新思维和能够独立从事会计工作的高质量应用型会计人才,我们需要将各个专业课程的理论知识与实际操作紧密结合,形成一个有机的教学体系,并对会计专业的实践教学环节进行全面而合理的设计,然后将其付诸实践。

(二)科学制订人才培养计划,完善课程体系

为了培养具有独特特色的独立学院人才,科学地制定专业的教学方案并完善课程结构是至关重要的。在制订人才培养计划时,我们需要深入考虑知识、能力和素质之间的比例关系,以及理论与实践、科学与人文教育、课堂内外和教学方法之间的相互关系。在制定人才培养方案的过程中,我们始终以人才培养的目标为核心,以应用技能的培养为主导,致力于在专业学科基础、实际操作训练、外语能力、计算机应用技能以及文化素养教育等方面建立独特的特色和优势。为了满足培养多样化人才的需求,并根据市场对人才需求的变化做出迅速而准确的响应,同时不降低本科层次的人才培养要求,独立学院应该将课程体系划分为普通教育课程、专业核心课程、专业方向课程三大部分。在普通教育的课程设计中,应特别强调基础理论教学的实际应用,以培养学生具备独立地分析和解决问题的技能。核心专业课程着重于满足专业基础和本科教育的标准,致力于扩大学生的专业领域,并提高他们毕业后的适应性。对于专业方向的课程设计,我们应该打破传统的按学科划分的思维模式,更多地考虑到就业市场,特别是地方产业结构对人才的需求,整体上加入更多的应用和实践内容,以增强学生的实际操作和岗位适应性。在加强教材的建设过程中,我们需要合作编写和使用与独立学院的定位和培养目标相匹配

的系列教材。

(三)强化实践环节,重视创新素质培养

应用型人才最本质的特征就是专业素质高、动手操作能力强、通用适应性强。实践育人符合素质教育客观规律,有利于弥补理论教学中对学生个性发展的忽视,学生可根据自身兴趣爱好及未来志向发展有针对性地选择实践内容。通过实践环节可加深学生对理论知识的理解,提升知识应用能力,拓展职业适应能力,是大学生个性化、社会化发展的必要途径。

第一,加大实验教学设施,保障基础实验室配备足够的教学仪器设备,能满足基础实验教学的需要。

第二,引导学生的毕业论文、毕业设计面向生产第一线,发现问题,寻找课题,以培养学生分析、解决实际生产问题的能力,把培养高层次、高质量应用型人才的工作落到实处。

第三,鼓励或要求学生取得相关职业(技能)资格证书。

第四,积极与企事业单位建立密切联系,签订实习协议,争取合作单位能提供实习实训基地。无论从培养与财会岗位"零距离"人才的要求来看,还是从增强教师实践知识以及案例的取材、制作和更新来看,开展校企协作,建立校外实习基地是行之有效的重要途径。通过建立校外实习基地,使学生身临其境,将所学知识与工作实际结合起来,为毕业后迅速适应工作岗位打下坚实的基础。当然,建立校外实习基地是一项任重而道远的工作,需要在实践中不断总结和完善。

(四)研究学生特点,改进教学和评价方法

以我们的课堂教学感受和经验而言,独立学院会计专业的学生,对长篇大论的说教式课堂教学不感兴趣,甚至可以用讨厌来形容。这跟他们自身的特点有很大关系,学生们思维活跃,具有较强的活动能力和社交能力,有表达自己观点和诉求的强烈愿望。因此,有以下几个方面的考虑。

1. 改进教学方式,推行案例教学,提高学生分析问题与解决问题的能力

案例式的教学方法是将理论与实践相结合的最佳方式,这有助于使教师的授课更接近实际情况。通过对真实案例的深入探讨和分析,学生

能够将书中的知识应用到实际案例中,从而增强他们的问题分析和解决问题的能力。这种方式不仅能够点燃学生对学习的热情,还能增强他们综合应用知识的能力,同时也有助于提升他们的语言表达技巧,这对于培育高质量的应用型人才是绝对必要的。因此,为了满足我们的教学需求,我们有必要投入适当的人员和资金,指导教师制定与会计、审计和财务管理相关的案例教学材料。

2. 大力推广会计教学软件

会计教学软件涵盖了多媒体工具、实用的会计软件以及考试工具。多媒体软件将会计教育中的关键和困难部分转化为融合了图像、文本和音频等元素的智能结构软件;会计实用软件是通过系统软件开发的,旨在模拟会计核算和会计管理流程的实用工具;考试软件的设计基于系统软件,旨在为各种会计科目的考试提供合适的考试和批改工具。除了传统的教学工具(如黑板和粉笔)外,教师还需要掌握如何在教学活动中巧妙地使用投影仪、幻灯片和碟片等教学辅助工具,并逐渐为个性化教学创造条件,使用多媒体计算机辅助教学软件。

3. 紧密结合人才培养目标,系统规划各门课程的考试制度

传统会计考试大多考查学生对知识的记忆,而不是运用知识的能力,不利于考查和训练学生的发散思维和创新思维,这既不符合信息时代的要求,也不符合素质教育的要求。高素质应用型会计人才培养模式的考试命题应根据课程所涉及的知识、能力、素质的要求,对课程的知识、能力、素质进行分析细化,然后确定课程效果的评价方法和考核大纲。考试内容应该能够反映学生基本理论和基本技能的掌握情况以及分析与解决问题的综合运用能力,而不是课堂教学内容的简单重复。多给学生提供探索的机会,鼓励学生独立思考、标新立异,有意识地培养学生的创新意识和创新能力,使考试真正能够对学生的知识、能力、素质等方面进行全面的测试评价。

4. 完善教学评估体系,进行科学管理

独立学院是一个新兴的领域,缺乏成熟和成功的经验可以参考。在

独立学院内部,一个不健全的评估机制可能会打击教师的工作热情,并且这种影响在短时间内是难以完全消除的。其中,学生对教师的评价是一个显著的例子。在顶尖的高等教育机构中,学生的整体素质相对较高,因此在给教师打分时,理性思维往往占据优势,这也意味着所有的学生都会参与其中,从而使得评价结果更为客观和公正。在独立学院中,由于学生的素质差异,在给教师打分时,部分学生的好恶可能是最重要的。如果所有学生的评分都有效,那么评价的结果将变得难以预测,这将影响教师的积极性。

5.加强教学过程管理

教学质量监控应覆盖教学的全过程,如《中级财务会计》课程期末考试成绩出现异常,教师、教研室乃至系领导都会做出反应,及时总结,进而找出原因。为及时发现教学偏离倾向,可以采取多种方式,如学校的期初、期中、期末教学检查,不定期的学生座谈会,教学督导组听课,同行互评等。

(五)建设与办学特色相适应的师资队伍

1.利用母体高校的人才资源

独立学院之所以在短期内得以兴办进而发展壮大,是因为在师资队伍建设方面依托母体高校得天独厚的师资条件的支持,分享了母体高校的良好师资声誉。独立学院要充分利用这一优势,合理调配和有效利用母体高校的教学资源和人才资源,有计划地聘请母体高校的教师兼任独立学院的教学工作,部分解决独立学院师资队伍数量的需求及提高学术水平的需要。

2.聘请离退休教师

离退休教师中的大多数教师既有健康的身体,又有丰富的教学、科研经验,完全有能力和精力继续工作一段时间,在自由度方面也存在一定的优势。刚刚起步的独立学院正可以充分发挥和挖掘离退休教师的潜力,这样不仅能够解决部分师资紧缺的问题,还能够利用老教授的威望和影响,扩大学院的知名度,建立一支兼职教师的队伍;同时,通过对年轻教师在教学、科研上的培养和监督,加快优化教师队伍的整体素质。

3.建立相对稳定的专职教师队伍

为了确保独立学院的教学品质持续上升,有必要逐渐构建一个既稳定又高质量的教师团队。为了解决长期过度依赖兼职和共享母体高校教师资源的问题,我们需要充分利用这些资源来加速专职教师队伍的建设。这包括建立一个以岗位聘任为核心内容,以岗位津贴为主要分配方式的人事分配制度,并加强竞争机制,以吸引更多富有活力和高层次的新兴力量加入。我们通过各种方式(如培训、科学研究、教学研究活动以及资深教师带领新手等)来加强对在职教师的培训,并支持中青年在教学和科研方面的杰出人才。在人才的引进、稳定和培养方面,我们要确保有明确的规划、目标和措施,并重视教师队伍在职称、学历和年龄上的合理分配。

第六章 高职院校会计专业
人才培养的优化

第一节 会计专业人才职业能力的提高措施

一、正确认识高职教育，确定合理的会计专业人才培养目标

高等职业教育首先具有高等教育的特性，我国的许多教育法律和法规都明确表示，高职教育是我国高等教育体系的一个组成部分。接下来要强调的是职业导向，这也是高职教育与其他高等教育机构最基本的区别。职业导向意味着高职教育应专注于为企业岗位培训学生，并为特定（或类别）岗位提供专业教育。首先，从应用性的角度看，高等职业教育培养的学生应当能够将所学知识直接运用到实际工作中，从而为企业创造价值，并为经济发展提供服务。其次，考虑到地方特色，高等职业教育应致力于为地方经济提供服务，地方经济所需什么样的人才，职业学院便会根据需求选择相应的专业进行人才培养。最后，终身教育的重要性不可忽视。随着知识经济时代的进步，职业岗位变得更加灵活，许多人频繁地调整和改变自己的职业或工作位置。每一次的调整都可能带来新的学习和培训机会。在这种背景下，高职教育由于其教育方式的灵活性，需要根据实际需求为人们创造新的学习环境。

基于对高职教育的准确理解，我们可以进一步探讨高职教育在人才培养方面的定位问题。高职教育在人才培养方面的定位，构成了高职教育与其他教育层次或模式的一个显著区别。它为教学设计提供了基础，

并对培训出的学生是否达到标准起到了决定性的作用。

在职业教育的多个层面上，与中职教育相比，高职教育在人才培养方面具有更高的定位。中等职业学校主要招收的是初中毕业的学生，而高等职业学校则主要招收高中和中职的毕业生。尽管中职教育和高职教育都属于职业教育范畴，但中职教育培养出的学生在操作技能方面相对熟练，但在理论知识上普遍偏低。高职教育不仅要求学生具备实际操作技能，还应确保他们掌握与其学历相匹配的理论知识，并具备学习新知识的能力和相应的综合素质。此外，在实际职场环境中，高职毕业生的智力构成占据了相当大的比例，并且更加注重知识的灵活应用。

从一个更广泛的社会视角来看，高等职业教育所培养的专业人才应当致力于为社会前线提供服务，他们所从事的工作是最基础和最根本的，因此他们具有一定的基层性质。高职教育不仅服务于地方经济，而且由于区域经济结构的多样性和发展的不均衡性，高职教育呈现出明显的区域性特点。观察职业学院的招生来源，我们可以发现大部分学生都是来自本地的。因此，当学生毕业后，他们很可能会选择留在本地工作。在制定职业学院的培养目标时，必须充分考虑到所在地区的独特性，并提出与当地实际情况相匹配的培养目标。

从职业能力的角度来看，高等职业教育不应像本科教育那样仅仅基于学科来设计课程，而应该根据岗位的实际需求来制定课程。这意味着从"根据学校的实际情况来开展职业教育"的模式转变为"根据岗位的需求创造条件来开展职业教育"的模式，并根据岗位的具体要求来设计课程体系，从而更好地培养学生的职业技能。

综合考虑，我国高等职业教育的人才培养方向可以简洁地描述为：以满足社会的需求为核心，以岗位的实际需求为追求目标，并以职业技能的培训为基石，旨在培养能够满足生产、建设、管理和服务前线需求的技术应用型人才。考虑到高职会计专业的独特性，我们可以描述高职会计专业的人才培养方向为：以满足会计基本岗位的需求为核心，通过精心设计的专业课程结构，培育学生的职业技能，确保学生能够满足会计基本岗位的要求,并实现与工作岗位的无缝对接。

二、合理设置会计专业课程体系

企业应与职业院校建立长期的合作机制,及时将企业对高职会计专业学生的要求反馈回学校,便于学校调整自己的教学。此外,学校要合理设置会计专业课程体系。课程体系应能较好地培养学生各项职业能力,以适应会计岗位的需求。

(一)课程和学习领域相结合

对于培养专业能力的课程体系,则要基于实际工作过程来设计。工作过程是企业为了完成某一工作任务并取得一定成果而进行的一套完整的工作程序。基于实际工作过程设计课程,首先要将工作任务具体化,然后根据具体的工作任务设置相应的学习领域,每一个学习领域就相当于一门课程。

以学习领域课程为核心的课程体系,打破了原有的由学科组成的课程体系,但并没有完全抛弃学科体系,而是将学科体系按照工作过程进行重新整合。会计专业的教师在这种情况下要解决以下两个问题。

第一,教材问题。目前市面上还没有学习领域课程的现成教材,要想实施好学习领域课程,会计专业的教师必须着手设计教材或整合现有教材。

第二,学生考取任职资格的问题。高职会计专业学生在毕业时,按照企业要求,要取得会计从业资格和初级会计师资格,这两个任职资格的考试仍是以书面考试为主,重在理论记忆,与基于工作过程的课程体系有矛盾之处。教师可将考试的知识点先穿插于学习领域课程体系中进行讲授,再根据国家规定的考试时间安排,在考试前夕,针对考试科目带领学生系统地复习相关课程。

(二)"1+1.5+0.5"模式

对于课程实施的时间安排,为了使学生对会计工作过程有系统的认识,我们可将与职业价值观和基本能力相关的课程安排在第一学年集中学习,而专业能力培养的学习领域课程则在第二学年至第三学年集中不间断学习,其中第二学年和第三学年第一学期用来在学校学习,第三学年第二学期用来进行校外实习。关键能力的课程可作为选修课程由学生依个人兴趣选修,并将各课程穿插在每个学年,这样就构建了"1+1.5+0.5"的学习模式。

同时,科学的课程体系应重视实践教学,要将课程实训与毕业实习有机结合成一个完整的实践体系,且实践课时应不少于总课时的40%,减少教师课堂知识的灌输,增强学生的实践能力。

三、建立健全科学的实践教学体系

实践性教学是在理论教学的基础上,通过课堂练习、课后作业、实训、社会实践、毕业设计等形式将理论与实践相结合,培养学生的综合素质及各项能力的教学方式。实践教学的好坏是衡量高职教育办学质量高低的指标之一,是高职教育培养学生职业能力的关键环节。

(一)两项保障

1.采取有效措施,提高师资水平

教师是教学的实践者,高水平的师资是提高教学质量的根本保证。

首先,教育工作者需要培养持续学习的观念。随着社会经济的持续进步和变革,会计的实际操作也会发生变化。只有当教师持续地学习,他们才能将新的知识传递给学生,帮助他们更好地适应会计工作的实际需求。职业教育机构应当为教师创造有利于其学习的环境,例如,派遣教师进行进修,激励年轻教师追求更高的学历,从而提升教师的职业能力。

其次,为了培育能够满足社会需求的技术应用专业人才,高等职业会计专业亟须一批具有高素质的"双师"教师团队。对教师而言,"双师"模式要求他们不仅要拥有深厚的专业知识,还需要具备出色的实际操作能力。这意味着他们不仅要有讲师或更高的职称,还需要拥有会计师、注册会计师、注册审计师等专业技术职称;对学校的教师团队而言,"双师"模式意味着学校不仅需要全职教师,还需要兼职教师,包括学校的教师和企

业的技术专家。

2.稳固校外实训单位,完善校内实训条件

实训是对学生进行职业能力实际训练的简称,是在学校能够控制的状态下,按照高职人才培养的要求,对学生职业能力进行单项、综合训练以及职业岗位实践训练的教学过程,是应用性的实践教学。实训不同于实验和实习,既有实验的"能控"特色,又有实习的"职业"特色,通过实训能够有效地培养学生各项职业能力。

学校可以和企业签订合作协议,与企业建立稳定的合作关系,还可以按照企业要求采用订单式培养,走工学结合的道路,实现校企合作,互利双赢。但毕竟会计专业的学生全部去企业实训是不现实的,学校更多的是要在校内实训室上下功夫,要克服校内实训的种种不足,完善校内实训的实训条件。

第一,营造仿真的工作情景。购置凭证、账簿、报表,陈列会计专用器具,桌椅按业务程序摆放,在墙壁上悬挂会计人员工作规范等文字或图示。

第二,教师在实训前准备好所需资料,可以在资料中加入一些不合法、不合理的凭证等资料,培养学生发现问题的能力及职业道德;增加财务管理的筹资和财务分析、税种的申报及缴纳等业务内容,提高学生综合知识的应用能力;在实训过程中还可以让学生彼此交换核算资料,互相审计,培养学生的会计监督能力。

第三,实训教材要全面、系统,如以会计机构健全、业务处理规范、核算资料完整的某一家企业作为原型编写实训教材,并且要根据会计专业的人才培养方案和目标加工整理,根据国家政策制度的变动做出相应的调整,教材中的会计资料最好是连续三个月或者半年的,以便学生做好月度、季度、年度的结账工作。

(二)三层递进

1.学习前认知实践

在学生学习专业课之前,组织学生参观企业和会计机构,了解生产经

营过程和组织情况,感性认知会计资料,使学生热爱所学的会计专业。

2.学习中实训调查

（1）单领域实训。

根据课程体系中专业课程的每一学习领域分别随课分散实训,实训与理论结合,边讲边练。例如,在出纳实务学习领域中,可根据学习进度,分别对点钞技巧、银行存款日记账的登记等进行实训,在该领域全部学完之后,对该领域的全部技能再次综合实训,使学生对该领域的技能有系统的认知和把握。

（2）综合领域实训。

在学生学习完全部学习领域后,可组织学生对全部学习领域按照会计实际工作流程做综合领域实训。在实训时,可运用会计岗位模拟方式,通过模拟企业业务,让学生分岗位操作企业核算全过程,使实训过程尽可能接近实际工作,让学生熟悉各岗位之间的程序、凭证业务传递及内部控制关系。在此阶段,学生成为教学活动的主体,教师则起调控引导的作用。

（3）社会调查。

让学生利用假期开展与会计相关的社会调查,并在调查结束后,根据调查的目的、情况,结合自己的感触撰写调查报告,通过调查,不但可以让学生了解会计现状,还可以锻炼学生的沟通、观察及写作能力。

3.学习后毕业实习

毕业实习是学生直接参与到实际工作中进行会计实务工作的实践教学形式,也是提升学生专业技能和其他能力的最有效的教学形式。在实习期间,企业相关人员可充当教师的角色,指导、督促学生实习,保障实习的效果。在实习结束后,学生要根据实习情况撰写实习报告,并由学校给出实习成绩。

四、改善教学方法

在会计专业的教学方法上,必须改变传统的灌输式的教学模式,改变以教材为中心,教师主动、学生被动的状况,将学生视为学习活动的主体,尊重学生的个体差异,用启发式教学代替灌输式教学,采用多样灵活的教学方法构建互动式课堂。

(一)理论教学:案例教学法

案例教学法与传统的讲课中的实例教学有所不同。实例的目的是验证某一观点的准确性,但其最终目的仍然是传递理论知识。案例教学的核心是在授课前融入实际操作,从实践中识别问题,总结其规律,并从中提炼出理论,最后用这些理论来指导实际操作。采用案例教学法可以加强学生对实际业务的直观理解,并培养他们发现和解决问题的能力。

在采用案例教学法的过程中,我们必须认识到,案例教学法的起源可以追溯到哈佛商学院,并且在培训层次和社会背景上与我国存在显著的差异,这导致了两国在教学起点上的不同。因此,在应用案例教学法时,我们不能仅仅依赖哈佛商学院的案例教学方式,而应确保有坚实的理论基础作为教学准备,这也意味着我们不能忽视理论教学的基础性作用。另外,在案例教学法中,所采用的案例必须是在实际工作中出现的、具有一定代表性的、能够针对特定问题的案例。在设计案例的过程中·为了能够对学生进行启发式的教学,教师可以在实际发生的案例中加入一些情节和问题,以激发学生的思考和讨论。

(二)实践教学:情景教学法与项目教学法

情景教学法是教师通过构建教学内容需要的情景,让师生在此情景中完成教学活动的教学方法,这种教学方法较多地被用在外语和文学课程的教学中。

项目教学法采用项目的方式来进行教学活动。在教师的引导下,学生独立完成某个项目,并在此过程中深入了解并熟练掌握每个环节的核心要求。这种教学方法更多关注的是学习的过程,而非最终的成果。在实际操作中,学生能够深入理解并掌握课程所规定的知识和技巧,感受到创新的困难和乐趣,并培养出分析和解决问题的能力。采用项目教学法可以有效地激发学生的学习兴趣和积极性,因此,项目教学法被视为一种以学生需求为核心的教学策略。

从情景教学法和项目教学法中提炼出其精髓,可以应用于高职会计专业的实践课程教学中。例如,在进行校内实训时,可以利用情景教学法来创建仿真的工作场景,建立机构,让学生扮演不同的角色,从而达到熟悉各个岗位工作任务的目的。在进行综合领域的实训时,我们采用了项目式的教学方法,在单一领域的实训基础上,由教师组织学生按照会计职位和业务流程来完成会计任务。

五、建立完善的考核评价体系,注重能力考核

高职教育要突出培养学生的职业能力,因此,高职会计专业的考核评价也应以学生职业能力的考核为重点,通过改革考试的形式、内容及成绩评定方法建立完善灵活的考核评价体系。

第一,要注重对过程的评价。过程评价可由作业完成情况、笔记记录、课堂表现、小组评议等内容组成,其中小组评议主要是对组员在参与教师布置的任务时表现出的参与性、积极性和团队精神等进行评价,这也是互动评价的一种形式。注重对过程的评价有助于增强学生学习积极性,培养学生知识获取的能力以及团队合作精神。

第二,改革期末考试形式。期末考试要打破闭卷或开卷考试的局限,加入口试、技能测试等,将需考核的内容按照其特点选用不同的考核形式。例如,对于基础的内容,需要学生毫无差错记忆的适合选用闭卷考试的形式;对于需要学生灵活掌握的内容可以采用开卷考试的形式;对于具有较强操作性的内容则选用技能测试的形式;对于以语言表达力为主的内容用口试形式即可。期末考试的形式还可以用多种形式组合的方式进行,如用闭卷加技能测试的形式组合来考评学生对会计学习领域的掌握情况。

第三,扩大考试空间。要突破传统的教室内考试的形式,将考试空间延伸到机房、校内实训室甚至企业内部。

第四,将学生职业资格的考试情况纳入考核评价体系中,鼓励学生在

学习过程中取得相应的职业资格。

　　随着社会经济的不断发展变化，竞争也在不断加剧，竞争的本质或关键就是人才的竞争。高职教育能否发挥其应有的作用，获得社会的认同，关键也是要看其培养出来的学生能否适应社会的需求，能否为经济发展做出贡献。高职教育要以能力为本，培养高职业能力的人才。

六、培养专业创业型人才

　　财务会计专业所需的专业知识和操作技巧是创业活动中不可或缺的，这些知识和技能在实际创业过程中具有很高的实用性和操作性。在经营企业中，诸如筹集资金、运营资金、项目投资的决策评估、成本的核算与管理、库存的盘点、财务的深入分析、税务的策划以及纳税的申报等，都是核心的财务和会计知识。毫不夸张地说，一旦掌握了财务和会计的专业知识，你的创业之路就已经走到了一半。从相对的角度看，通过参与创业教育活动，学生可以更有效地运用他们在会计核算、财务管理和税务等领域的专业知识和技能。这不仅能增强他们对专业学习重要性的认识，还能推动专业能力的进一步提升，从而实现以创业教育推动专业教育的目标。显然，将财会专业教育与创业教育相结合，不仅是为了缓解当前财会专业学生的就业压力，同时也是为了提高财会专业学生的整体素质，并培养他们适应社会进步的创新思维和创业技能。尽管如此，现在的许多学校主要集中在培养学生的业务处理技能上，而财务会计专业的学生创业教育并没有得到应有的关注。

　　在我国的职业教育体系中，财会专业需要适应社会和经济的发展需求。在专业建设过程中，强化学生的创业能力应被视为一项独特的教学特色。教学工作应以提升学生创业能力为核心思路，对现有的教育和教学培养模式进行全面优化，整合和完善财会专业的课程结构，并科学合理地构建创业实践教学体系，以便为学生在专业技能、职业综合能力和创业素养方面的全面提升提供强有力的支持。

　　作为面向所有财务会计专业学生的创业初级教育，创业教育应该被整合到人才培养的整个过程中。我们的培训目标是:根据区域经济的增长和市场的需求,结合学院在行业和区域上的优势,培育出既具备坚实的财务和会计专业知识,又有创业精神和素养的专业人才。在此基础上,我们特别关注那些有创业意向、具备创业条件和基础的学生,重点提高他们的创业管理理论和实践能力,并进行创业孵化,以培养他们成为真正的自主创业者。创业型专业人才的培养目标是面向广大学生的大众化教育,而自主创业者的培养目标则是以具有创业渠道或强烈创业愿望的人为主体,这两个层次的培养目标都体现了尊重学生个性和因材施教的教育哲学。

(一)形成创业教育与财会专业教育相结合的课程体系

课程的实施是人才培养目标实现的基础,要实现人才培养目标,首先需要进行课程体系改革,需要将创业教育渗透到财会专业课程和相关课程中,对原有的教学计划进行必要的整合和优化,使各课程之间相互配合,形成创业教育的有机组成部分。

1. 融入专业课程授课

融入专业课程授课意味着在专业课程的实际教学过程中,结合各个课程的独特性,不仅要深入挖掘本课程应包含的创业教育内容,还要融入创业教育的相关理念和创新教学内容。在传授专业知识的同时,也要积极培养学生的创业意识、创业精神和创业能力,而不是单独开设相关的创业教育课程。例如,在经济法的课程设置中,企业的定义、不同类型的企业以及企业申请的基础流程等都得到了体现;在成本核算和财务管理的课程设置中,成本管理与控制得到了明确的体现;税收筹划、纳税申报和税款计算等方面在税收相关的课程中得到了体现。因此,对于这些创业教育元素,没有必要额外开设这类课程。相反,在传授专业知识的同时,可以加强这些创业教育元素,通过一系列的创业模拟和角色扮演活动,将书本上的知识还原为现实生活,以学生为中心,以活动为载体,以能力为本位,增强学生的亲身体验,实现身临其境的效果,从而激发学生的创业意识,增加创业知识,提升创业能力。在教授财务会计中的"短期借款核算"课程时,教师首先通过理论教学帮助学生熟悉和掌握相关知识。接着,根据实际的借款业务流程,将学生分为六个小组,每个小组分别扮演借款单位的业务经办人、出纳、会计、财务经理、单位负责人和银行相关工作人员,进行模拟角色的具体操作步骤。通过在模拟环境中让学生完成借款申请书、借款合同、借款借据、进账单等基础文件的填写、审核和盖章,以及记账凭证和登记账簿的填写,教师不仅提升了财会专业学生在借款业务方面的核算和实际操作能力,还让他们熟悉了银行借款的操作流程,为他们未来的创业活动奠定了坚实的基础。例如,在教授财务管理中的"筹资成本"课程时,教育者可以提前准备一本筹资策略手册,并根据学生的岗位需求将他们划分为三个小组,分别扮演公司的领导、财务主管和会计角色。企业的负责人对企业筹资策划书中的筹资原则、筹资用途等方面进行审核;财务经理的职责包括审查筹资的途径和方法,以及预测筹资的数量等相关项目;会计专业人士利用个别资本成本和加权平均资本成本的计算数据,对筹资方案的可行性进行了深入的评估。通过模拟这些项目化的情境操作,学生可以对企业运营中的关键因素有一个更为深入和立体的理解。此外,鉴于学生还没有亲身体验过实际的工作环境,他们对具体的工作场景并不熟悉。因此,当教师向学生解释财务知识时,应确保内容生动并易于理解。可以制作一个 Flash 动画来展示某个工作场景,使学生能够直观地掌握相关的财务知识。

2. 开设选修课独立授课

对于财会专业课程教学中未涉及的创业教育元素,可以开设创业机会分析、市场营销、商业计划、创业风险、人力资源管理等选修课程,与前面的专业必修课程相互配合,使学生从知识准备的角度掌握创办企业的全过程。在教学方法上通常可以采取小组讨论式教学、以实际训练为主的教学方法、以探究活动为主的教学方法、参与式教学等比较贴近学生认知水平与知识的呈现方式的教学方法。

3. 开设专题讲座授课

教师在确定课堂教学内容和组织学生的专项实训方面遇到了很大的

困难,因此可以通过组织相关主题的专题讲座来解决这一问题。我们可以组织关于创业成功与失败的案例分析专题讲座,通过深入探讨创业的成功实例,为学生提供模范教育,利用前沿的创业观念和丰富的实际案例,激发学生内心的创业热情;通过深入分析创业失败的典型案例,可以帮助学生更好地理解创业过程中可能遇到的风险和困难,并学会如何在经营活动中规避这些风险。这种方法对于培养学生的创业意识和能力具有非常直观、迅速和深入的影响;通过举办形势与政策的讲座,学生可以深入了解当前的国际和国内政治经济状况,重大事件及其对经济环境的影响,并进一步分析如何根据不同的政治经济环境来识别和把握创业的机会;通过举办关于心理健康的专题讲座,学生可以学习和掌握人际交往的各种技巧和方法,了解如何应对挫折,增强对挫折的承受能力,并进行必要的心理调整。

(二)设置体现创业教育特色的实践教学体系

实践教学是课堂教学的延伸,是教学效果深化的手段。通过实践教学,可以力求找到将学生实践能力和专业技能的培养与创业相结合的方法,积极为学生提供体验创业的平台,从而更好地促进学生创业能力的提升。

1. 开展专业调研与市场研究

职业教育机构有权组织学生前往各种不同类型的企业进行实地观摩和学习,包括参观企业的采购部门、生产车间和销售部门。在此过程中,企业的相关工作人员可以向学生详细介绍企业的采购、生产和销售流程,以及由这些流程生成的原始凭证和相应的内部控制措施;在参观公司的财务部门时,会计专业人士会详细解释该部门人员的职责划分,以及每个职位所需承担的具体工作任务;企业会计人员可以查阅或展示原始凭证、记账凭证、账簿和报表,并简要说明这些资料所包含的信息和用途。通过促进学生与企业之间的密切互动,我们可以提高学生的直观认知能力,使他们更好地了解企业的实际情况,并为他们未来的学习奠定坚实的基础。此外,我们可以根据学生所掌握的专业知识,组织他们进行如社会调研和市场调查等多种活动。这不仅可以帮助学生在实际操作中更好地理解市场和社会,增强他们的感性和理性认识,而且还能培养他们的市场拓展能力。通过这种方式,学生不仅可以更全面地了解当前的经济状况和环境,还可以激发他们的就业和创业灵感,从而更加理性地确定自己的就业方向和创业目标。

2.开办创业论坛、扶持创业社团

在校园文化中注入学生创业因子对广大学生的影响是潜移默化的,职业院校可以经常举办形式多样的旨在增强学生创业意识和创业能力的校园文化活动;可以举办各种形式的创业论坛,围绕相关专业,进行学术报告、研讨、辩论、创业交流,搭建培养学生创业能力的活动平台;可以扶持学生创业社团,在社团"自我管理、自我教育、自我服务"的基础上,学校从组织、制度、观念等方面对社团给予必要的引导,控制其负面影响,发挥其积极影响,有意识地把创业教育引入社团活动之中,在活动中促进学生创业意识的增强和创业实践能力的提高。

3.开展创业大赛

创业大赛要求参赛者组成优势互补的竞赛小组,提出具有市场前景的产品或服务,并围绕这一产品或服务开展调研论证,以获得风险投资为目的,完成一份具体、完整、深入的《商业计划书》,并进行展示、讲解、模拟实施。创业大赛具体包括学生组队、选项目、培训、市场调查、完成《创业计划书》、创业的模拟实施、答辩、评委会的点评等阶段,涵盖理论知识和实践,是专业学生创业实训的一项有效方式。其中,《创业计划书》的主要内容包括执行总结、产业背景、市场调查与分析、公司战略与营销策略、经营管理、管理团队、融资与资金运营计划、财务分析与预测、关键风险与问题等。创业大赛不仅能反映出学员对商机的把握和分析能力,还能考查学生对财务知识等方面的掌握情况,进而增长学生的专业、创业知识,提高专业、创业能力。

4.创建模拟企业

建立校内模拟企业,能训练学生的各种专业技能和创业能力。教师应以真实的企业为蓝本设置一个模拟企业的综合情境,开设市场开发部、采购部、销售部、财务部等部门,设置总经理、部门经理、财务经理、会计、出纳等角色让学生担任。教师引导学生开展企业的经济业务,进行开办企业、筹集资金、采购材料、组织生产、成本核算、产品销售、利润分配和申报纳税等业务处理。学生在企业商务运作的环境下,按照实际公司的职能开展工作,将学到的职业工作岗位技能应用到公司的具体业务中,深入体会经济业务发生的各个环节及其详细情况,进行会计核算和管理。通过这样的教学活动不仅能激发学生的兴趣,使学生的专业理论知识得以巩固,有利于学生实际操作技能和应变能力的锻炼和提高,而且可以加深学生对不同岗位职责的认识和掌握,加强学生职业经验的训练。模拟公司的建立,突出了学生应用能力的培养,同时也可以为学生实习提供一个稳定的实习基地。

5.创建大学生创业园

我们的目标是建立一个高职大学生创业园,通过整合政府和社会的各种资源,发掘其潜在的服务能力,并构建一个相对完善的创业服务体系。这个体系将为学生创建企业提供包括办公空间、物业管理、工商注册、财税、法律咨询、创业资金、人才推荐、市场开发和招商引资在内的全方位、多层次的服务。学生有两种方式来尝试创业:模拟和全真。在模拟的环境中,学生可以提交创业申请,然后学校会为他们发放工商和税务执照,他们将按照企业的模式在校园内开展业务,而在学生毕业之前,这些企业会被转移给新的学生继续经营;当学生在真实的环境中创业时,他们必须遵循国家的工商和税务管理规定进行注册。学校有经验丰富的教师为他们提供专业的指导,而他们所创建的企业在运营过程中完全遵循市场化原则,合法纳税,并根据实际情况进行优胜劣汰。创业园不仅有潜力成为学生进行创业实践的主要场地,还能在某种程度上发挥项目孵化器的作用,成为促进高职学生创业成就和培养符合时代需求,具备创新精神、创造意识和创业能力的复合型人才的孵化器。

此外,还要加强信息化建设,成立创业教育网络服务中心,建立财会专业大学生创业网,为学生创业提供交流心得和资源共享的平台。

(三)构建有利于学生创业能力培养的评价体系

我们需要摒弃传统的教育评估方法,建立一个更有助于培养学生创业精神的评估体系。首先,评估方法应该超越传统的试卷方式,更多地关注过程中的评价,并将学生在创业活动中的参与度作为衡量学生表现和能力的关键标准。其次,对于创业的学生,我们应该降低学科成绩的重要性,更多地强调创业的核心地位,并可以设立如创业奖、创业贡献奖等与创业相关的奖励,从而激发学生对创业的热情。再次,学生可以采用弹性学分制度,对于完成规定的创业课程学分的学生,他们可以获得本校的创业结业证书,这有助于激发学生对创业课程的热情。最后,要构建一个创业追踪系统,学校需要为在校及离校的学生创建一个创业信息追踪平台,收集他们的反馈,创建一个数据库,并将未来的创业成功率与创业的质量视为评估创业教育效果的关键标准。

职业学院被视为培养专业人才的重要基地。为了实现这一目标,专业人才的培养需要制订并执行详细的培养计划,这包括确定人才培养的目标、完善课程结构、设置实践教学体系以及构建评价体系等方面。为了实现创新创业教育与财务会计专业教育的有效结合,我们必须确保上述的人才培养计划在各个方面都得到充分的整合、协调和保障。只有这样,创业教育才能与专业教育完美结合,从而获得最佳的教育效果。

第二节　开发基于职业能力培养的会计信息化人才实践教学模式

会计工作对企业来说至关重要,会计工作的好坏直接影响企业决策者对企业内外形势的判断。因此,保证学校在会计专业的教学质量是十分重要的。时代不断进步,随着互联网技术的快速发展,各行各业都相继应用了互联网技术,互联网技术能更好地促进本专业的发展。会计专业也不例外,由于会计专业的学生在就业时面临的是各大企业与事业单位,因而将会计的专业知识与互联网技术相结合,实现会计信息化显得特别重要。此外,要在实际教学过程中实现高效互动课堂,就要将教育信息化和教育教学进行融合,让学生在课堂上的学习积极性得到进一步提升。

一、会计信息化实践教学在教学过程中存在的问题

在教学活动中,教师通常更多地集中在理论知识的传授上,而忽略了学生在实践活动中能力的培养。应用性知识常常被忽视,在课堂实践和练习方面相对匮乏。这种教学方法使得学生只专注于书本知识,缺乏实际操作的能力。会计专业具有很强的实践性和操作性。如果学生在校期间没有接受过相关的技能培训,那么他们在毕业后很难迅速适应工作环境,不能满足工作的实际需求。因此,仅仅停留在纸面上的教学方法亟需进行优化。

随着时代的不断进步和发展,会计工作已经步入了信息化的轨道。然而,在教学过程中,仍然会遇到一些与时代发展脱节的教学内容,例如,过时的知识点或与实际工作需求不匹配的内容。这导致即使学生在学校参与了相关课程的学习,他们在找到工作后也需要接受临时的培训,学习一套现有的工作技能才能顺利上岗工作。

目前,学校的教学方式并不具备多样性,仍然沿用了过去的传统教学模式,即在课堂上根据课本内容进行灌输,这种方式无法满足会计工作在实际就业过程中的需求。此外,由于学校的教学设备相对陈旧,相应的教学软件版本也相对较低,这导致教学模式无法及时更新,从而成为限制会计专业教学质量进一步提升的实际障碍。

尽管学生在校期间都会参与顶岗实习,但由于他们在此期间的知识储备不足和企业对他们工作的不信任等因素,使得学生在校外的实习经历变得像是"走马观花",浪费了宝贵的时间,无法真正提高他们的实际能

力。鉴于学生和学校对顶岗实习的忽视,有些学生甚至选择申请与会计专业不相关的实习职位,这无疑削弱了顶岗实习的实际意义,导致其效果未能达到预期。

会计这一专业具有很强的综合性,学生在开始工作之前,必须对所掌握的知识进行实际操作的培训,这样才能更有效地提升他们的专业能力。此外,随着时代的进步,各种专业都与互联网实现了高效的融合,这对各个专业的全面发展都是有益的。在会计专业中,为了满足新时代企业对人才的真实需求,我们需要更快地推进会计信息化的教学进程。制定的教学目标不应仅仅局限于书本上的理论知识,也不应过分强调培养学生的实际操作和工作技能,导致学生仅仅依赖书本知识,而忽视了实际操作的重要性。

二、会计信息化对会计专业教学的要求

学校的会计专业教学目标旨在协助该专业的学生全面掌握未来就业所需的专业知识和技能,从而为他们未来的工作和生活做好充分的准备。因此,学校的会计专业教学必须始终与实际工作需求保持一致,以满足企业对学生实际技能的预期。对于企业而言,会计的职责是至关紧要的。会计的主要任务是整理企业的财务数据,以协助管理者更好地了解企业的运营状况。会计的执行质量会直接决定企业决策者对于企业的内部和外部环境的评估。

众多企业已经成功地与互联网进行了深度融合,借助互联网技术显著提高了企业的工作效率,这也使财务部门更加积极地推动会计工作的信息化进程,实现了与企业整体的系统统一。通过会计信息化,可以加强财务部门与其他部门之间的联系,促进与业务部门的整合,有助于信息的流通,从而推动企业的发展。此外,实施会计信息化可以显著降低会计工作中的误差率,使得会计报告更为精确并节省时间与精力,从这个角度看,会计信息化能帮助工作人员缓解工作中的压力。会计信息化的实施有助于将会计从传统的财务报表和记录账本等手动操作中解放出来,从

而更有效地进行信息的管理和传播。

在会计信息化的过程中,我们不再仅仅集中于书本上的理论知识学习,而忽略了对学生实际操作和工作技能的培养。在会计信息化的背景下,学生更需要掌握丰富的信息技术知识,并具备将这些知识与信息技术相结合的技能。

由于系统能够自动生成,这为会计在其业务操作中对财务信息进行实时监控,以及对公司的运营状态进行深入的分析和管理提供了新的挑战。随着公司的持续成长,会计工作的标准也日益提高。会计人员需要具备使用计算机软件对公司财务数据进行整理和管理的能力,这样才能深入了解公司的运营状况,并为决策者提供管理建议,从而增强公司的市场竞争力。在当前的发展趋势下,会计职位对会计人员提出了更高的要求,他们不仅要掌握完整的知识体系,而且不能仅仅停留在数据记录和报表制作上,更需要具备全面的会计知识和技能,以促进公司的持续发展。

在传统的会计工作流程中,存在着各种不同的职责划分,由特定的人员负责数据收集,并与其他人员合作进行数据的分类和处理。然而,随着会计信息化的推进,大量的信息内容将由网络软件自动处理,这为会计业务在数据处理和财务管理上带来了新的挑战。因此,在教学活动中,学校需要针对新的职位和职责进行适当的教学指导。

三、会计信息化的实际教学策略

会计人员的培养需要一个长期过程,既需要教授专业知识,也需要培训学生拥有熟练的实际操作能力,掌握会计的相关知识,善于进行财务分析,进行企业财务管理。在新时代的会计信息化过程中,教学质量是第一位的,教师要树立终身学习的目标,将教育与信息化结合起来,不断促进会计专业教学质量的提高。教师要依照教学目标对课程进行安排,课程之间要有连贯性,注重对学生实际操作能力的培养。

教师在教学过程中要让学生熟练地掌握实际操作能力,这是学生在就业时需要掌握的基础性技能。例如,在《基础会计》课程中对学生进行设置账户、登记账簿的训练,在训练过程中,教师应注重对学生的操作方法进行规范,培养学生养成严谨的工作态度。

教师还要对学生进行专业技能的训练,为将来的就业打好基础。例如,学习《财务会计》课程时,教师要对学生进行出纳核算、往来款项核算、财务成果核算、总账报表核算等内容的训练,将会计信息化应用到教学过程中。教授学生利用互联网软件进行各种数据的归集、整理与各种成本计算,在课上让学生对所学内容进行练习,以确保对所学知识的熟练掌握。教师应在课上考查学生应用会计软件的能力,对学生出现的一些问题加以纠正,提高学生对会计软件的应用能力。教师利用互联网搜集一些企业在实际工作中遇到的问题,将问题引入教学,让学生在课上进行思考练习,有不会的问题大家一起讨论解决,以促进学生与教师之间的共同进步。

教师和学生都应该更加重视顶岗实习,并在日常学习中加强实际操作技能的培训,为未来的职业生涯做好充分的准备。在日常的学习和生活中,把顶岗实习视为一个关键的考核环节,确保学生能够牢固掌握顶岗所需的所有知识,并在课余时间利用互联网进行实践练习。在教学活动中,教师有可能利用多媒体课件作为教学辅助工具,因为用黑板书写大量的知识是一项既费时又费力的任务。此外,对于那些难以理解的知识点,教师可以选择在网络上通过图片或视频的方式展示具体的操作步骤,并进行详细解释,以帮助学生更深入地掌握这些知识点。

例如,学习复式记账时,教师可以通过多媒体向学生演示如何操作软件进行记账,学生在看完教师的操作后课下加以练习.就更容易掌握复式记账的方法。对于教师在课上使用过的课件,学生可以拷贝下来,课下进行复习回顾,这样的课件比课本更清晰、易懂,更有助于提升学生的自主学习能力,使学生可以自己安排时间进行课程的复习与预习。

会计信息化不但注重学生对于理论的掌握情况,更注重学生在会计工作中对于软件的操作应用能力。因此,教师在平时的课堂中要多利用互联网对学生进行实战训练。在网络上找出比较典型的案例,让学生在规定的时间内完成账务的操作与处理,教师应经常通过这样的方式进行考核,以提高学生的实践操作能力。

第三节　实施"工学结合、校企合作、岗位实习"职业能力培养模式

一、会计职业能力培养模式基本原则

(一)职业性原则

所谓职业性原则,是指高职会计专业在职业能力培养中应当根据会计专业职业的需求来确定,以满足会计职业的基本需要为度。会计是经济活动发展到一定阶段的产物,随着社会的进步、经济的发展而不断提高和完善,经济社会的发展进步是会计行为产生发展的直接动力,促进会计职业的进步与发展,产生对会计职业能力教学的需要。确定会计职业能力的培养内容,应当以会计职业需要为出发点,以提高会计专业学生的未来执业水平为目标,这样才能满足社会经济发展对会计职业的需要。

(二)时代性原则

所指的时代性原则是会计职业能力的培训内容应当与时代同步,持续创新以满足时代进步对会计职业技能的需求。因此,从一个角度来看,社会对现有会计专业技能的期望正在逐渐上升。比如说,计算机在经济领域的早期应用中,对于会计专业人士来说,计算机应用的技能要求相对较低;在当前计算机应用日益普及的社会背景下,会计专业人士对计算机应用的技能和能力需求将持续上升。从另一个角度来看,随着注册会计师行业的不断壮大,会计师事务所之间的竞争也变得越来越激烈。为了拓展其业务范围,会计师事务所需要具备一定程度的市场拓展和营销技能的专业人才。我们可以预见,市场营销的能力将逐渐成为会计专业人

士所需的关键技能之一。因此,会计的职业技能培训应当与时代的进步同步,持续地更新、提升和发展。

(三)目标性原则

所谓的目标性原则,意味着在会计职业能力的培训内容中,必须反映出培训目标的具体要求,并确保这些目标能够得以实现。会计专业的培养目标集中反映了人才的标准、培训需求、服务受众、知识和技能结构。为了满足社会主义市场经济的发展要求,会计专业旨在培养具有德、智、体、美等全方位发展的人才,他们主要服务于中小企业和非营利组织。这些人才将在出纳、会计核算、财务管理等岗位工作,并在社会中介机构担任审计助理和会计咨询等职务。他们需要对国家的经济法律法规有深入的了解,能够熟练掌握会计理论,具备电算化会计应用的能力,并拥有会计核算和实际操作的高素质和技能。在确定会计职业能力的培训内容时,应以专业的培养目标为导向,同时要反映社会的实际需求和学校的独特特色。

二、"工学结合"模式下课程教学内容优化

(一)职业岗位所需能力与课程的关系

高职会计专业职业能力的培养必须严格按照职业岗位工作的需要去精选合适的知识,职业岗位需要什么就教什么,需要多少就教多少。课程是会计职业能力培养的载体,会计职业能力是课程的具体内容。

(二)加大专业课程"课证融合"的力度,提高学生双证书获取率和含金量

职业证书,尤其是会计从业资格证书对会计专业学生而言是非常重要的,它直接决定了会计专业学生能否就业,是否能成为合格的会计人员。如果会计专业学生不能取得会计从业资格证书,不能从事会计工作,那么所有职业能力的培养就没有任何用处。如为了提高会计从业资格证书的通过率,四川现代职业学院进行了"课证融合",开设了《会计基础》

《财经法规与会计职业道德》《会计电算化》课程，以满足学生考证的需要。

三、"工学结合"模式下教法和学法的优化组合

课程活动观下的教学方法是教师如何输出、控制信息以及学生如何获取信息的总称，它是教学双边活动所采取的办法。会计职业能力培养是一个完整的体系，包括教师的教学方法（简称教法）、学生的学习方法（简称学法）和信息载体。只有教法与学法在教学活动中相互配合、优化组合、相互作用才能产生良好的教学结果。

(一)教学方法

教学方法是教师为完成教学任务，向学生输出信息、控制信息所采取的办法。教师为了有效地完成会计职业能力任务，必须正确选择和运用教学方法。教学方法分为以下几种。

1. 讲授法

讲授法是指教师利用课堂，通过口语表述、讲解、讲演等形式系统地向学生传授知识的一种方法。讲授法是最传统的、最基本的一种教学方法，其他各种教学方法的运用都离不开讲授法的配合，会计职业能力培养也是如此。

2. 演示法

演示法是指教师通过展示实物、直观教具帮助学生获取知识或巩固知识的方法。在会计教学中，通过多媒体向学生展示会计凭证、会计账簿、会计报表等会计用品的实物；在多媒体上利用现代媒体技术展示会计核算流程等，都是演示法的应用。

3. 案例法

案例法描述了教师在教学活动中，通过授课组织学生进行案例分析、探讨真实案例以及编写案例总结报告等多种方式，来达成教学目标的教学策略。案例教学法在医学、法学和军事领域都有较早的应用，随后被引入到工商管理的教学中，哈佛大学商学院因其案例式的教学方法而广受赞誉。经验表明，案例法与实际情况紧密相连，是最有效的教学方式，它

能够培养和锻炼学生的组织管理能力和职业判断能力。通过实际案例的教学方法,学生可以在管理者的角色中思考各种问题,充分利用自己的知识和能力来解决问题,进而掌握未来企业所需的知识体系和管理技巧。

4. 指导法

指导法是指教师通过操作指导、作业指导等途径,对学生的学习方法、学习内容、技能训练等实施的一种教学方法。指导法主要适用于会计实训类课程,包括会计基础实训、出纳实训、纳税实训、会计电算化等。

(二)学习方法

做任何事情都要有方法,都应该讲求方法,有了好方法才能提高效率。学生学习也是这样,应根据不同的学习内容,运用不同的学习方法,才能在实际的学习过程中取得良好的效果。下面介绍几种常用的学习方法。

1. 讨论法

讨论法是指为了解决学习上的某个问题,在教师的指导下学生之间进行探讨、辨明是非以获取知识的一种学习方法。讨论法的种类较多,既可以是课内讨论,也可以是课外讨论;既可以是全班性的,也可以是小组性的,还可以是更小范围内的讨论。但是,讨论法必须有教师的指导方能进行,课堂讨论的问题设计、讨论的组织与引导及课堂小结是促成讨论成功的重要因素。

2. 操作法

操作法是指学生在教师的指导下,运用知识反复完成一定的操作,从而达到掌握知识、培养能力的一种学习方法。操作法主要针对一些实践性课程,如基础会计实训、财务会计实训、纳税申报实训、会计综合实训等。

3. 调查法

调查法是指学生有目的、有计划、有系统地搜集有关研究对象的现实状况或历史状况资料的一种方法。实际的调查方法有文献调查法、实地观察法、问卷调查法、集体访谈法等。

4.扮演法

扮演法也称角色扮演法,是指学生在学习过程中根据工作情境进行相关的会计岗位角色扮演。如在会计综合实训课程中,学生会根据情境分别扮演会计主管、总账会计、往来会计、资产管理会计、费用会计、纳税会计、出纳等角色;再如 ERP 沙盘企业模拟经营课程中,学生分为五个角色,分别扮演总经理、财务总监、采购总监、生产总监和营销总监的角色。角色扮演法有助于增强学生对学习的兴趣,培养学生爱岗敬业的职业道德。

(三)教学方法与学习方法优化组合的基本思路

为了达到教学方法与学习方法的最佳融合,我们需要最大限度地激发学习者的主动性,以实现教与学的相互促进和共同成长。其核心方向应当是从教学方法的研究转向教学方法的改进,进一步发展为指导学习方法,并最终达到教学方法与学习方法的最佳结合。核心观点包括:第一,教师在备课时应重点考虑教学流程和教学方法的设计,并将部分教学意图通过设置预习题和参考资料的方式融入学生的预习活动中,从而对学生提出具体要求,并指明针对性的教学问题;第二,学生需要根据教科书和教师的指导,选择最适合的学习方法,并进行预先学习的活动;第三,在学生开始学习之前,教师会明确课程的目标,确保学生有明确的学习方向;第四,在学生开始学习之前,教师会指导他们充分利用预习题和参考资料,并持续进行学生预习情况的调查和了解;第五,教师与学生共同参与课堂讨论的后续阶段;第六,在经历了上述各个环节中的教学方法和学习方法的互动和碰撞之后,将教师的教学方法转化为学生的学习方法,从而使学生能够更好地学习和掌握。在教师和学生的讨论结束后,教师会再次提出疑问,并通过信息的反馈来灵活地调整他们的教学方法,从而形成一个新的教学循环,即"以学促教"。

四、"T"型会计实践教学体系

高职会计专业培养的是理论够用,实践操作能力强的实务人才。在实际的教学中,应当重视实践教学。本文参考了一些院校的先进经验,提出高职会计专业应该建立由封闭到开放、由单项到综合科学的"T"型会计实践教学体系。

"T"型会计实践教学体系包括专业纵深和专业拓展两个方面。专业纵深是指会计实践课程是一个从难到易、从单项到综合的教学体系,具体内容包括会计认知、会计基本技能实训、会计岗位实训、会计综合实训、会计真账实训、顶岗实习。专业纵深重点是职业能力的循序渐进,培养的是学生的会计专业能力。专业拓展是指从封闭到开放的教学体系,具体内容包括 ERP 沙盘实训、模拟企业实训、多专业综合实训。专业拓展的重点是开放性,培养的是学生的社会协调能力、沟通能力、会计职业判断能力和决策能力等。

五、"工学结合"模式下科学的会计考核评价体系的建立

(一)建立科学的会计考核评价体系的必要性

目前,高职会计专业的课程考核不科学,考核的内容重理论、轻实践,与实务工作是脱节的,这造成学生平时所学和考试内容都不符合社会的需求。会计考核评价体系一定要体现"工学结合",考试内容必须是会计工作岗位实际需要的内容,只有这样,培养出来的学生才符合社会对会计职业能力的要求。

(二)科学地确定考核内容

会计的课程有很多,每一门课程都有它独特的属性和要求,一定要具体问题具体分析,科学确定相关课程的考核内容。

基础会计考核的内容不应只局限于会计理论知识和会计分录的编制,而应更多地关注学生如何识别原始凭证、如何编制会计凭证、如何登记账簿以及如何编制财务报表。在一个制造业企业的一个月经济活动背景下,我们可以设计相关的试题,帮助学生处理从建账到编制报表的整个实际操作过程。

在会计电算化的评估过程中,也出现了一些问题。许多学校由于硬

件条件的局限性,在进行这门课程的考核时,更多地侧重于理论知识的传授或过程性的考核,这导致了对学生职业能力掌握程度的不足。职业学院在评估这门课程时,应当调整其考核方法,采纳现代技术手段,推行电子化、无纸化的考试方式,确保学生真实地掌握会计电算化的相关知识和应用技能。

简而言之,会计专业的考核评价体系的构建必须基于课程的固有属性,而不是简单地一刀切。我们需要对每个课程的独特性进行深入的分析,并据此设计具体的考核评价机制。

六、"校企合作"模式下校内实训基地的建设

校内实训基地是会计专业学生进行会计实训,提升职业能力的场所,从合作形式上来看,会计实训基地分为校内仿真实训基地和校企合作实训基地。下面分别介绍一下各自的概念、内容及具体实施方案。

(一)校内仿真实训基地建设

1.仿真实训基地的概念

要建立以系列实训室为中心的校内实训基地,并以此为平台,实现主要工作过程实践环节教学的需要,即会计基础实训、财会分岗实训、会计电算化实训、会计综合实训、多专业综合实训。在实践组织方式上采取手工和计算机模拟双轨并行的方式,分期在各个学期从基础到综合进行实训,全面提升学生的综合职业能力。

建立会计基础实训室,满足会计书写、小键盘数字录入、点钞、伪钞鉴别、识别原始凭证、会计制单、装订凭证等操作技能的需要。

建立财会分岗实训室,满足财政部规定的出纳员岗位、往来结算核算员岗位、财产物资核算员岗位、资金核算员岗位、成本核算员岗位、财务成果核算员岗位、会计主管岗位等岗位实训的需要。

建立会计电算化实训室,满足常用办公软件操作、计算机网络技术、常用财务软件操作的需要。

建立会计综合实训室,满足基础会计、财务会计、税务会计、财务管

理、成本会计、审计、电子报税等课程单项、综合实训的需要。

建立多专业综合实训室,满足多专业综合实训的需要。多专业综合实训是多个不同专业的学生,在一个以制造业为主体的仿真商务环境、政务环境和公共服务环境中,进行仿真经营和业务运作的综合实训。它可进行宏观微观分析、多组织对抗和多人协同模拟经营,将经营模拟与现实工作接轨,实现仿真环境下的岗位级执行、部门级管理、企业级经营和供应链级协同的四级模拟综合实训。

2.仿真实训基地存在的问题

会计仿真实训基地在培养学生的会计职业能力,特别是会计专业能力方面发挥了重要作用,但是,会计仿真实训基地如同其他事物的发展一样,存在一个不断发展与完善的问题,主要问题如下。

(1)实训资料的制作缺乏真实感。

职业院校的会计实训资料的获取途径一般有两种,一种是专职教师编制会计实训资料,另一种是直接向出版社购买会计实训教材。但目前职业院校的实训资料跟企业中的会计资料相差甚远,企业的会计票据大小不一,而且颜色、格式也有区分,而职业院校的实训资料基本上都只有黑白两种颜色,且是以教材的形式出现,这样就缺乏真实感,学生在学校经过实训课程的学习后,依然很难适应实际工作中对原始凭证的辨认工作。

(2)过分强调会计实账的手工编制工作,忽视了会计电算化的简便性。

在职业学院的第五个学期,通常都会有一门会计的综合实践课程,这门课程主要由手工操作程序和电子计算程序两大部分构成。职业学院的教师在强调会计业务间的逻辑联系时,常常过分强调手工记账的重要性,从记账凭证的编制到会计报表的编制过程描述得非常详尽,却往往忽略了会计电算化处理相关业务的便捷性。学生在会计电算化方面的应用能力相对较弱,因此在加入企业后,他们需要花费相当长的一段时间来适应与会计相关的工作环境。

3.仿真实训基地的改进措施

针对会计实训中存在的问题,可以采取以下措施改进与完善会计实训教学手段,更好地服务学生。

(1)进行企业调研。

可多利用企业的会计资料编制仿真的会计实训资料,该实训资料应该是从企业原材料的采购到生产流程,再到销售环节,最后财务成果的计算对整个经济业务都有涉及。该实训资料最好要有跨月的处理,以便帮助学生更好地适应将来的实务工作。

(2)采用现代技术手段。

我们提供仿真会计实训课程,如"网中网"财务学习系统,该系统能够模拟各种会计资料,其颜色和项目与企业实际使用的原始凭证非常接近。此外,该系统还可以对学生填写的会计凭证和账簿进行评分,并指导学生进行正确的操作。

(3)加大会计电子化教学的力度。

传统的电子会计教学主要依赖用友或金蝶软件来处理总账和编制报表,这种基础的电子处理方式已经不能满足现代社会的需求。职业教育机构在确定会计电算化的教学任务时,必须与时俱进,增加如工资管理、固定资产管理、应收账款管理、应付账款管理、采购流程管理、销售流程管理、库存管理以及存货核算等多个系统。在加强对会计电算化知识的掌握后,学生的会计工作压力将会显著降低。

(二)校企合作实训基地建设

校企合作实训基地是利用学校实训场地、设施,由企业提供记账实务操作中的技术指导,在学校内完成对学生实务操作能力培养的场所。它的作用是加快培养与用人单位的需求、经济转型升级相适应的应用型人才,促进职业院校毕业生就业。共建人才实训基地,利用学校实训场地对学生进行实务培养。学校根据教学安排,可专门对某一类企业或某一种业务一系列的税务、财务问题进行理论与实践一体化的研究、学习及培训。

七、校企合作方式下"双师型"教师培养

"工学结合、校企合作"的会计职业能力培养模式的实施,必须拥有一支具有先进的职教理念、扎实的理论功底、熟练的实践技能、缜密的逻辑思维能力、丰富的表达方式的"双师型"教师队伍。建设一支综合素质高、技术服务能力强、"双师"素质教师比例高、"双师"结构合理的专兼结合的教学团队,提高教师基于工作岗位、工作过程的教学设计能力的有效途径有以下几个方面。

(一)制定合理的"双师型"认定标准

"双师型"教师不能仅拥有高校职称和相关专业职称或职业资格证书,还必须具备实务操作能力。在实际认定时必须有以下标准:首先,教师必须有高校对应的职称,如副教授、讲师等;其次,教师必须有会计专业对应的专业技术职称或职业资格证书,如注册会计师、注册税务师、高级会计师、中级会计师、审计师等;最后,教师必须有较强的实务操作能力,对应的是相应的本专业实际工作经验,拥有至少3～5年的工作经验以及较强的实务操作能力。

(二)学院内部培养

针对"双师型"教师的培养,学校应该制定相应的培养方案,从专业理论对教师进行培养。专业理论的培养主要从学历文凭提升、专业理论充实、"双证"证书考取和科研课题研究四个方面进行。

1.学历文凭提升

职业院校因为其历史原因,教师的学历文凭无法与一般本科院校相比,职业院校应制定相应的政策制度帮助教师提升学历,如鼓励教师参加会计专业硕士的培训,有条件的学校甚至可以安排教师到国外大学攻读会计专业硕士、博士学位,更好地为高职会计专业的教学做贡献。

2.专业理论充实

学院应定期或不定期地组织教师参加相关的专业理论学习,专业理论不仅指会计的专业理论,还包括会计专业教学理论,如参加高职会计专

业骨干教师培训(国家级、省级),也可以请专业的职教专家进入学校对教师进行培训。

3."双证"证书考取

"双师型"教师的一个最基本特征是需持有"双证",既有高校教师资格证书、职称,也有会计专业从业资格证书、职称等。学校应为教师取得讲师、副教授资格创造硬件条件,同时鼓励教师考取助理会计师、会计师、注册会计师,并根据证书的取得难度给予相应的奖励。

4.科研课题研究

尽管职业院校主要是以培养学生的实际动手能力为职业能力培养的主要目标,教师的主要任务是上好课,但是,科研对职业院校而言同样非常重要。科研课题的研究可以帮助教师找到职业能力培养的关键,可以提升教师的教学水平,也可以促进教师自身专业理论能力的提升。

(三)校企合作下教师实践能力的培养

针对"双师型"教师的培养,除了学校内部培养以外,还应该有"走出去"的理念,校企合作共同培养"双师型"教师。校企合作下教师实践能力的培养主要从以下几个方面进行。

1.情境教学研修

教师在设计会计课程时,一定要重视工作过程中所需的职业能力,必须与校外合作单位的专业会计人员一起制定情境教学的内容。如基础会计中的原始凭证填制,如何规范书写原始凭证数字及文字,如何规范地填制各种典型的原始凭证及加盖有关印鉴等,教师和校外会计人员可共同探讨、制定方案。情境教学研修避免了职业院校教师闭门造车的错误。

2.实训课程科研

职业学院的学生不仅需要学习基础的会计理论,而且应该花费大量时间进行会计的实际操作课程。教师在编写实训教材时,应依据当前的实际需求,确保其与时代的标准相契合。编写实训教材时,不仅需要对企业进行深入的调查研究,还需要利用企业提供的会计信息,这无疑需要得到企业合作伙伴的全力支持。教师在编写实训教材时,会利用企业提供的会计资料,并结合自己的专业知识,整个编写过程实际上就是教师实践能力的提升过程。

3. 校企师资平台

利用校企合作的平台,实现校企合作双方的师资共享。职业院校的教师可以为合作企业提供一些理论课程的培训,在传授知识的同时,吸收一些先进的实务操作能力。同时,职业院校教师还可以到合作企业进行挂职锻炼。合作企业也可以为职业院校输送有较强实务经验的会计人员到职业院校作为兼职教师,指导学生的实训课程。

4. 产教融合促进

职业教育机构与其合作伙伴企业有可能联手创建财务代理记账服务公司和财务咨询服务公司等。在进行教学活动的同时,教师也有机会参与到代理记账和企业咨询等方面的工作中,职业院校的教师也有能力承担社会会计证书的培训和继续教育任务,从而为提升地区会计人员的专业素质做出贡献。在产教结合的过程中,教师的社会实践技能也能得到增强。

第四节 以竞赛为驱动,推动会计专业人才实践能力的培养

近年来,会计类人才培养质量和人才培养机制受到社会的广泛关注和重视,会计专业知识更新速度快,学生要面临严峻的社会要求和严酷的现实挑战,对会计专业学生的教育仅限于课堂上理论的教授已经远不能满足社会需求。学生在实践能力方面缺乏创新意识,考前加班加点,对专业知识死记硬背,造成部分学生的"高分低能"的现象,对于实践性较强的会计专业学生来说,学生实践创新能力的缺乏成为当前不可忽视的一个重要问题。为了改变这一现状,孙巍提出通过学科竞赛"链式"创新创业教育体系的建设,更好地促进创新创业人才的培养。

一、学科竞赛促进学生实践创新能力的提高

开展学科竞赛不仅能够有力地推动创新型人才的培养,而且也是培育这类人才的一个有效手段。会计学科的竞赛与教学内容紧密相连,这种结合增强了学生的实际操作和创新思维,会计电算化的发展离不开计算机学科的指导,与计算机相关的国内外比赛也相当丰富。在蓝桥杯的比赛中,只要参赛的学生在总决赛中取得了三等奖或更高的成绩,他们就有资格获得本校的免试推研资格以及北京大学等教育机构的面试机会,在相同的条件下,他们还可以被优先考虑录取。IBM 和百度这些著名的公司为杰出和获奖的选手提供了实习和就业的快速通道。这些政策无疑为学生在升学、实习和就业方面提供了极为有利的机会。我校致力于提升计算机专业与会计专业学生的实践和创新能力。教务处为学科竞赛提供了资金援助,而网络安全与信息化学院则对所有参赛学生进行了宣传、组织和指导,并邀请了实战经验丰富的专家为他们提供专业的竞赛指导和答疑服务。学生们的参与度极高,他们在各种比赛中都取得了令人瞩目的表现。学生在竞赛中的参与极大地激发了他们的学习和问题探索热情,使他们能够运用所掌握的专业知识来解决实际问题,从而培养了他们的自主学习和实践操作能力。

二、双创模式促进学生实践创新能力的提高

20 世纪 80 年代末,联合国教科文组织在面向 21 世纪国际教育发展趋势研讨会上,提出了"创业教育"这一新的教育概念。创新创业教育是一种素质教育,它以培养创业基本素质和开创型个性的人才为目标,分阶段、分层次地进行创新思维培养和创业能力锻炼的教育,其基本特征是创新性、创造性和实践性。

三、"学科竞赛＋双创"模式共同促进学生实践创新能力的培养

在培养学生实践能力方面,可以将"学科竞赛"与"双创"模式相结合来培养会计专业学生实践创新能力,提高学生的创新思维、创新能力。

（一）"学科竞赛＋双创"模式能够有利于学生顺利融入社会实践

由于竞赛题目及双创项目均来自现实问题，学生可以通过题目及项目的解决了解社会经济发展中的热点、难点问题。通过对关键技术的接触，能够独立提出解决问题的方法和思路，既能使学生的实践创新能力得以提高，又增强了学生的社会责任感和服务意识，便于学生毕业后快速地融入社会。

（二）"学科竞赛＋双创"模式能够促进实践教学的改革

学生的"学科竞赛"或"双创"项目可以被融入日常的实践教学中，作为实践教学的一部分，这样可以激发学生的积极性，由教师来引导和促进学生实践能力的提升。"学科竞赛＋双创"的教学模式有助于推动实验教学方法的革新，它通过验证型、设计型和综合型的实验方式，允许学生单独或分组地完成具有一定规模和难度的实验任务，从而培养他们在软件综合设计方面的能力。通过参与学科竞赛和创新创业教育，学生能够将他们所掌握的计算机理论、编程技巧和网站设计方法等实际运用到实践中，从而增强他们在会计电算化方面的实践操作能力。通过以学科竞赛项目作为教学起点，目的是让学生在竞赛训练过程中不仅提高自己的专业知识和观点，还能实现理论与实践的同步发展，通过竞赛激发创新精神，拓宽学生的视野，并加强他们的创新和创业意识。

（三）"学科竞赛＋双创"模式能够促进学生的就业与创业

学生参加学科竞赛和双创项目，积累了丰富、前沿的计算机和会计知识，能够用自身所学解决实际问题，增加学生的就业、创业机会。有参加竞赛的学生会被校企协作方的企业直接雇佣，在就业压力相当大的情况下，解决了自己的工作问题。也有学生在创新创业项目中积累了丰富的项目经验，被企业所青睐，有的学生干脆自己创业，未出校门已经有了自己的事业。

（四）"学科竞赛＋双创"模式在人才培养模式的改革中发挥引领性作用

学生参加学科竞赛和创新创业项目，在竞赛中或创新创业项目中要与团队成员密切配合才能共同解决问题,有利于激发学生的团队合作意识。

社会对"双创型"人才的要求是知识面广、知识结构扎实、根基牢靠。具有自主学习、再学习的能力,我校作为应用型本科院校,要发挥大学生的主观能动性与积极性,使他们能够独立自觉地进行思考、学习。学生、学校、社会、家庭在"双创型"人才培养中也要发挥其应有作用。

对于指导教师来说,新题目、新技术、涉及课程多、范围广、项目实施、实战经验等充满了考验和挑战。教师要指导好学生,必须提高自身的学识、见识及修养,在教学相长的过程中不断完善自身。

教师在指导学科竞赛和双创项目阶段,对学生参与竞赛和项目的学习状况有全局的把控,能够针对学生竞赛和项目制定针对性的教学计划,根据技术的前沿性和实用性,对课程教学大纲和教学内容进行调整,以适应和培养应用型人才,教师要指导好学生,就要不断提高自己的学识,适应学科的发展和进步。

四、"学科竞赛＋双创"模式的会计专业学生实践创新能力培养的实现途径

(一)学科竞赛"双创化"

鼓励学生以学科竞赛项目为载体,独立或合作完成科研论文,让学生以所学与科研接轨。通过学科竞赛"双创",学生将学科竞赛题目或者科研项目转化为创新创业活动项目,在搞好竞赛科研的同时,提高学生的"双创"能力。蒋晓丹等提出,"学科竞赛＋科研项目"模式能培养大学生的实践创新能力,可以看出学科竞赛、科研项目、创新创业三者之间相互促进的关系,共同培养学生的实践创新能力。

(二)举办专题讲座、培训会、讨论会

举办专题讲座,让获奖学生和双创项目主持人,竞赛和双创项目指导教师从参赛准备、参赛经验等方面进行宣传指导,师生对学科竞赛及双创项目的重视程度得以加强,参加竞赛和双创项目的人数形成规模。鼓励

师生参加学科竞赛及双创相关学术会议,定期开展培训会及讨论会,让学生开阔眼界、增长知识、丰富自身!

(三)成立"学科竞赛＋双创"的学生社团及兴趣小组

在会计相关专业,动员并鼓励学生成立学科竞赛与创新创业项目的学生社团。加大宣传力度,吸引程序设计爱好者、多媒体设计爱好者,网络安全爱好者等加入社团,讨论学科竞赛题目与创新创业项目方面的问题,加强学生间的交流,增加学生对会计专业的了解和兴趣。

针对实验和实践教学,培养学生组织学习兴趣小组。积极引导会计专业的学生用专业知识解决实际生活问题,以兴趣引领学习。

参考文献

[1]马桂芬.应用型本科会计人才培养系列教材管理会计学[M].成都:西南财经大学出版社,2022.

[2]劳晓芸,马建超.职业教育高质量发展研究与实践探索[M].上海:上海交通大学出版社,2023.

[3]陈敏.高职院校会计信息管理专业人才培养研究[M].合肥:中国科学技术大学出版社,2023.

[4]郑爱民.大数据时代会计人才培养模式的改革与创新[M].长春:吉林人民出版社,2020.

[5]许宝良,闵亨锋,戴一佳.会计基础[M].北京:高等教育出版社,2024.

[6]孙述威.管理会计[M].北京:北京理工大学出版社,2021.

[7]杨永亮.大学生入学教育[M].大连:大连理工大学出版社,2023.

[8]张岐,赵建群.财务会计云系列智慧型教材基础会计实训[M].3版.北京:电子工业出版社,2021.

[9]闫冰.高校会计教学模式构建与改革研究[M].长春:吉林出版集团股份有限公司,2023.

[10]赵玮.会计人才培养与会计风险控制研究[M].长春:吉林出版集团股份有限公司,2023.

[11]梁丽媛.我国高校会计人才培养与教学研究[M].北京:北京工业大学出版社,2021.

[12]林艳红,潘妍.高职院校会计人才培养模式现状及优化策略[J].产业与科技论坛,2021,20(21):283-284.

[13]杨俏文.应用型本科会计人才培养系列教材 资本市场运作[M].2版.成都:西南财经大学出版社,2022.

[14]张梨花.供给侧结构性改革背景下高职院校会计人才培养策略研究[J].中国管理信息化,2023,26(8):239-241.

[15]张倩.人工智能时代高职院校会计人才培养路径研究[J].中国管理信息化,2020,23(11):234-235.

[16]张洁.高职院校会计人才培养模式的改革与创新[J].现代经济信息,2020(8):167-168.

[17]王天,汪金芳,高晓莹.财务会计人才培养研究[M].北京:中国商务出版社,2023.

[18]郑斌斌.数智时代高职院校会计人才培养思考[J].合作经济与科技,2023(23):102-104.

[19]曹燕红,李裕琢.跨界与融合:新文科背景下高职院校会计人才培养进路[J].经济师,2022(3):208-209.

[20]鞠言."互联网＋"时代高职院校会计教学改革与创新研究[J].中外企业家,2021(15):225.

[21]赵瑞婷,薛丽萍.管理会计[M].北京:高等教育出版社,2024.

[22]张亚楠.大数据时代高职院校会计人才培养问题探索[J].山西财政税务专科学校学报,2022,24(5):71-73.

[23]孙玲.大数据时代职业院校会计人才培养模式的改革与创新[M].北京:中国纺织出版社,2021.

[24]杨帆.高职院校会计专业教学改革与创新发展研究[J].财会学习,2020(4):205,207.

[25]贾霄怡,丁娅.基于职业能力提升的高职院校会计教学改革研究[J].科教导刊,2022(34):60-62.

[26]胡春丽.高职院校会计专业教学改革与创新发展研究[J].中国多媒体与网络教学学报(中旬刊),2021(4):52-54.

[27]张帮丽,赵新华.高职院校会计信息化教学改革的主要策略[J].营销界,2021(24):46-47.